今日から
モノ知り
シリーズ

トコトンやさしい

人工知能の本

人工知能の性能は、ビッグデータやディープラーニングの登場で飛躍的に上がりました。応用が進む今の時代、改めて人工知能技術の全体像を見てみましょう。すごさや本質を実感できれば、社会や技術の方向性も見えてきます。

辻井潤一 監修
産業技術総合研究所
人工知能研究センター 編

B&Tブックス
日刊工業新聞社

はじめに

今、人工知能技術は大きな局面をむかえています。

従来からの「知能とは何か？どのように定義し再現するか？」という研究に加え、近年急速に発達しつつあるビッグデータによる大規模で高精度な情報処理技術が組み合わさり、革新的で実用的な応用が次々と生まれている段階に来ています。人工知能の性能を上げていくことも重要ですが、同時に、現実の社会の中で人工知能をどのように活用してゆけばよいのか考え、実際に取り入れていくことが、人工知能を強くし、産業の成長や社会生活の向上につながるということです。人工知能技術は、今後あらゆる産業や日常に深く浸透していくことになります。様々な要素技術の研究や応用の動向を知れば、今後の日常生活がどのように変化していくのか、産業技術にどのような革新がもたらされるのかといったことを具体的にイメージできるようになるかもしれません。そうなれば、自らが変化の主体となることも可能です。

研究の流れは大きく2つあって、1つは「知能」の再現です。人間はどのように世界を認識し、考え、行動しているかの探求です。人間としての理性的で合理的な思考を理論的に明らかにし、コンピュータで再現するのです。論理学や心理学、制御工学など様々なバックグラウンドを有し、機械学習や自然言語処理、画像認識といった要素技術があります。

もう1つは、「ビッグデータ」です。この20年ほどで急速に発達した比較的新しい分野です。人間やコンピュータの能力では到底とらえきれない、世の中のありとあらゆる大量のデータを処理し、今まで見えていなかったパターンや事実を浮かび上がらせる技術です。さらに、それらのデータを「上手」に処理するディープラーニングの登場によって、従来の要素技術が飛躍的に発達したのです。

本書は、人工知能を一から学ぶ方のための入門書です。どのような研究や技術があって、今何に応用されているのか、これから何ができるようになるのかという全体像を、やさしく解説しています。

第1章では人工知能の世界の入り口を紹介します。改めて「知能とは何か?」を考えてみましょう。過去の賢人たちはその問いに対してどんな答えを提示し、今の技術にそれらがどうつながっているのでしょうか。

第2章では人工知能を体感してみましょう。人工知能と言うと、コンピュータの中の複雑で見えない世界を想像してしまいますが、基本中の基本の考え方は、紙で書いたり日常生活に当てはめたりして学ぶことができます。

第3章では基礎技術を学びます。知能をコンピュータ上で再現するための様々な要素技術や理論的なアプローチがあります。

第4章では人工知能技術と現実社会とのつながりを見てみましょう。どのような技術で何をしているのか、具体的に紹介していきます。

第5章では人間の能力を凌駕しはじめた人工知能技術のすごさを紹介します。ディープラーニング(深層学習)の仕組みと応用を中心に取り上げます。

第6章では人工知能がまだまだ苦手なことを紹介します。また、今後の社会実装が進む上での懸念事項も取り上げます。「人工知能がこんなすごいことをできた!」といったポジティブな面だけでなく反対の側面からも見ることで、人工知能の本質がより理解できるでしょう。

第7章ではこれからの社会と人工知能の関わりを考えてみましょう。人工知能は日常生活やものづくり、教育など社会のあらゆるところに大きな変化をもたらします。

本書を読んで、人工知能の理論や技術への理解を深めるだけでなく、これからの社会のよりよい姿を構想するきっかけにもなれば、我々にとっても大きな喜びです。

辻井潤一

2016年11月

目次 CONTENTS

第1章 人工知能はこうして生まれた

第2章 人工知能を体感してみよう

第3章 人工知能を支える基礎技術

第4章 人工知能はどう応用されているのか？

第5章 ディープラーニングは何がすごいのか？

第6章 人工知能の未解決問題と突破策

第7章 人工知能が溶け込んだ社会の将来像

コラム

第1章

人工知能は
こうして生まれた

1 人工知能ってなんだろう？

計算機の動作が人の考えをまねる

「人工知能」（Artificial Intelligence、AI）という言葉は、普通は「コンピュータで人間のような賢い情報処理をすること」という意味で通っています。しかし、厳密な定義があるわけではなく、人により、あるいは時代により色々なとらえ方をされています。

例えば、パソコンがもっている仮名漢字変換機能は、人工知能と呼ぶべきでしょうか？　パソコンは、かなり難しい漢字を知っているし、正しい送り仮名も使えます。まさに人間のように、あるいは人間以上に賢い情報処理と言えます。コンピュータ黎明期の頃なら、これを人工知能と呼んでもおかしくなかったことでしょう。ところが、私たちの生活に当たり前に溶け込んで使われるようになると、ことさらに「人工知能だ！」とは誰も言いません。時代に応じて、「賢い」と認める基準が変わってきているのです。

人工知能の内容や応用先もどんどん広がってきました。30年ぐらい前までは、人工知能の活躍の場というと、迷路を解くとか、チェスをプレイするといった、記号的でパズル的な題材だけが目立っていました。これらの題材はコンピュータの中で表現しやすく、ごく早期から研究が進みました。

単に膨大な数値計算をすれば、賢い人工知能が実現するというわけではありません。人工知能が本当に賢さを感じさせるには、**表1**に掲げたポイントをいくつか含まなければならないと言えます。

現代の人工知能の応用先は、大学入試問題を解くとか、写真に何が写っているかを言葉で説明する、人間と自然な会話をするといった、幅広い領域に広がっています。これらの題材は、私たちが普段の仕事や生活の中で自分の頭で考えてこなしている問題です。これらが人工知能もできるとなると、人工知能が人間に取って代わって、仕事を奪うのではないかという不安もでてきます。実際、人工知能によってビジネスに大きな変化が生まれてきています。

要点BOX

- ●知的な情報処理をするソフトウェア
- ●幅広いイメージをもち、厳密な定義はない
- ●自律性や技巧性が求められる

表1　「普通のプログラム」にはないが、「人工知能」には備えるべき特徴

自律性	いちいち計算手順を人間に指図されなくても、計算機が自動で状況に合わせて情報処理を進め、結論を出せること。人間が解き方を教えなくても、自動で学習して見つけること。
意味性	単なる数値計算ではなく、データの質や意味といった高度な情報に変えること。異種のデータを組み合わせて、データの違いを乗り越えて、総合的な判断をすること。
技巧性	手当たり次第の計算や一方向の動きといった「力技」ではこなせない難しい課題を、巧妙な解決法を見つけて解決すること。
適応性	「馬鹿の一つ覚え」ではなく、状況に即した答えを見つけ出せること。

現代の人工知能の応用先の例

- 囲碁・将棋で人間に勝つ
- 生徒の理解度をテストの結果から割り出す
- ネット上でのブーム・評判を検知する
- 車線の維持など車の運転の手伝いをする
- 迷惑メールを取り除く
- 顧客に合った商品を奨める
- 新しい薬になる物質を探す
- 売れる商品を店に仕入れる
- 介護現場を見守る

2 知能は書き表わせる

アルゴリズムを使った知的活動の表現

アルゴリズムとは、問題を解くための計算の手順を意味します。日本語では「算法」と言います。

特定の問題に対する答えを丸暗記していても、その問題を解くことしかできません。しかし、アルゴリズムを知っていれば、見た目が変わっても同種の問題であるならば、答えを導き出すことができます。

私たちが学校で最初に教わるアルゴリズムは、最大公約数を見つける「ユークリッドの互除法」でしょう。最大公約数とは、2つの数をどちらも割りきることができる数のうち一番大きいもののことです。

ユークリッドの互除法のアルゴリズムを書き下せば、**図1**のような手順になります。

アルゴリズムというものは、あいまいさがない、具体的な手順の指示でなければなりません。「直感でこれかなと思う数字を試してみろ」ではダメです。それこそ次に何をすればよいのかコンピュータでもわかる程度に一挙手一投足を書き表すべきなのです。

ところで、人間の思考はアルゴリズムに乗っ取っているのでしょうか？　つまり、人間の脳の中にはアルゴリズムの記録装置があって、思考する時は適当なアルゴリズムを呼び出して、それに沿って手順を進めているのでしょうか？

確かに、人間は明文化したアルゴリズムを自覚して考えを進めることができる一方で、「山勘で答えを推定する」とか「ベートーベンの音楽を聴いて美しいと答える」という説明しにくい思考もあります。

また、「猫の写真を見せられたら、『猫が写っている』と答える」という思考は、幼児にすらできる非常に簡単なものですが、ではそのアルゴリズムを書き下せと言われると難問です。

このように、アルゴリズムで書き表せない、感性的・直感的な思考は、人間の特権で、人工知能には無理でした。それが克服されてきたことが、最近の人工知能ブームのきっかけになりました。

要点BOX

- ●知能は手順として明文化できる
- ●人工知能とはアルゴリズムの実行である
- ●アルゴリズムの古典「ユークリッドの互除法」

図1 ユークリッドの互除法

手順１ 2つの数のうち、大きい方を割られる数、小さい方を割る数として、割り算を行い余りを求める。手順2に進む。

↓

手順２ 割った余りが0なら、割る数を答えとして出力し、終了する。それ以外は手順3に進む。

↓

手順３ 今の「割る数」を「割られる数」にする。「余り」を「割る数」にする。手順１に戻る。

図2 実行例

42731 と 399 の最大公約数を求めよ。

step 1 割られる数＝42731、割る数＝399 として割り算を実行する。余り＝38。

↓

step2 余りがゼロではない。

↓

step3 割られる数＝399、割る数＝38 として割り算を実行する。余り＝19。

↓

step4 余りがゼロではない。

↓

step5 割られる数＝38、割る数＝19 として割り算を実行する。余り＝0。

↓

step6 余りがゼロであるので、答えは 19 である。計算終了。

3 論理的な思考とは計算の一種である

ブール代数と電気による論理回路

人間は論理的な思考が得意です。コンピュータや家電製品も論理処理の能力を身につけています。

例えば、エレベータは「開けボタンが押され、なおかつある階に停止している状態であれば、ドアを開く」というルールに従って、作動することができます。単に1つの事柄だけを見て反射的に行動するのではなく、複数の状態を総合して答えを出すことができます。コンピュータといっても、たかが電気回路。なぜ、このような論理的な思考ができるのでしょうか?

実は論理は非常に数学と相性がよいのです。論理的思考は計算の実行に置き換えることができます。この分野は、イギリスの数学者ブール（1815～1864年）にちなんで、ブール代数と呼ばれます。

ある命題が意味していることが本当（真）なら1、ウソ（偽）なら0という数値を割り当てると、論理を数式で非常にうまく扱うことができます。

先ほどのエレベータの例で考えてみましょう。この例では次の3つの命題がありました。

A：「開けボタンが押されている」
B：「エレベータはある階に停止している」
C：「ドアを開けるべきである」

ドアを開けるべきかのルールを論理式で書くと、「AかつBならばC」となります。数式で表すならA×B=Cとなります。AもBも真である状況ならば共に1が代入されます。すると、Cも1×1=1で真となり、「ドアを開けるべき」と判断されます。

「AかつBならばC」という言葉での指示をエレベータにわからせるのは大変ですが、「A×B=C」という計算式なら簡単です。例えば、電気回路でスイッチを使って実現できます。

電気回路と似ているのが神経の回路です。脳では神経細胞同士が互いに結びついて信号を送り合い、その過程で「かつ」や「または」、「ではない」といった論理的な変換をしていきます。

要点BOX

- ●本当とウソを1と0で表す
- ●その値の計算で論理推論ができる
- ●電気回路による思考の道を開いた

論理と計算の対応

言葉での表現	ブール代数での計算
真である	1
偽である	0
AかつBである	A×B
AまたはBである	A+B
Aではない	1−A
AとBは値が異なる(排他的論理和)	(A×(1−B))+ ((1−A)×B)
「AかつB」ではない(否定論理積、NAND)	1−A×B

「かつ」の論理を電気回路で実現する方法

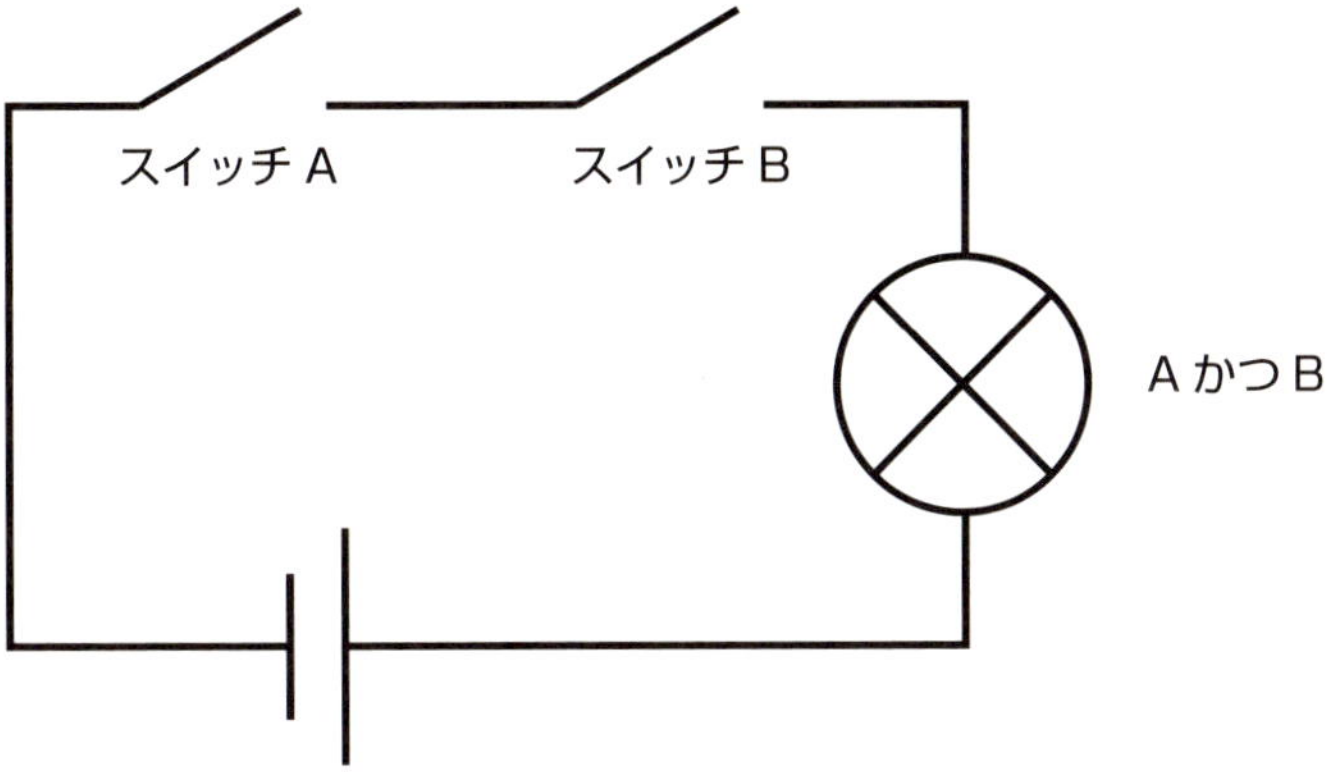

「スイッチAがつながる」かつ「スイッチBがつながる」の結果が、
電球の点灯に反映される。

4 情報を扱う機械の登場

サイバネティクスと情報理論

人工知能の研究は、ロボットの研究と表裏一体です。自分で考えて行動すること、すなわち自律性は、まさに「知能」ですし、それができる機械を「ロボット」と呼ぶのです。

自律性を備えた機械は昔から色々発明されてきました。1801年に発明されたジャカード織機は、穴の開いた紙をセットすることで、複雑な模様を指定でき、あとは自動で織ってくれます。人間にしかできないような高度に知的な労働が代替されたのです。

18世紀後半には、フィードバック（誤差の情報を観測して機械の動きを補正する自動制御）が実用化され、蒸気機関などに使われはじめました。

第二次世界大戦中、レーダーによって敵の飛行機の位置を探知するようになりました。ならば、レーダーの情報を高射砲に与えれば自動で狙い撃ちできるのではないかと考えて、各国で研究が始まりました。しかし、敵機の現在位置に狙いを定めて撃っても、弾がそこまで届くのに時間がかかり、その間に敵機は別の位置に進んでしまいます。前に進むとは限らず、旋回するかもしれません。高射砲の舵取りは、相手の出方の先を読む知能を必要とする難題なのです。

機械が生物のように情報を観測し、制御に使えるようにするための学問が提案され、サイバネティクスと呼ばれるようになりました。1947年にアメリカの数学者ウィーナーらが作った言葉で、舵手のことをギリシャ語でキュベルネテスと言うことにちなみます。

同じ頃、シャノンの情報理論が登場します。情報の数学的な本質とは何なのかを明らかにした理論であり、ビットという情報の量の単位はここから来ています。これにより、それまで題材ごとにバラバラだった情報を統一的に扱える道筋が示されました。

このように、20世紀前半は、機械を情報化する需要が高まり、実現しなかったものの、理論研究は大いに進み、その後の人工知能学の基礎となりました。

要点BOX

- 計測と制御ができれば機械は自律化する
- 初期のフィードバックから情報処理へ
- 情報量の発見によりアナログからデジタルへ

機械の情報化の歩み

時代	機械、理論	内容
古代エジプト	ヘロンの「自動ドア」「自動販売機」	熱による空気の膨張の力を利用した。複雑な動作ができる。
17世紀	時計の調速機構	同じペースを保って動き続ける。
18世紀後半	エンジンの調速機構	誤差の情報をフィードバックして、ペースを一定に保つ。
19世紀前半	ジャカード織機	複雑な作業手順をデジタルデータとして記憶媒体(パンチカード)に保存。データを差し替えることで、作業の切り替えができる。
20世紀前半	レーダー連動高射砲	実用化を目指すが、飛行機の針路予測が困難だった。サイバネティクスの概念が打ち出される。
	情報理論	画像と音楽という異質のデータであっても、コンピュータ上ではデジタルのファイルとして統一的に扱えるようになる。
20世紀後半	人工知能	制御ではなく、思考が主題に。
現代	IoT(もののインターネット、インダストリー4.0)	ありとあらゆる機械にセンサが付き、相互に通信でつながる。従来にないビッグデータによる効率化や故障予防が可能に。

5 人工知能の学問分野が確立

ダートマス会議からはじまった

人工知能という言葉が誕生したのは、1956年にアメリカのダートマス大学で開かれた研究集会です。正式にはDartmouth Summer Research Project on Artificial Intelligenceと言います。計算機による複雑な情報処理を意味する言葉として「人工知能」という名称がこの会議で選ばれたのでした。

それまで、もっぱら数値計算か、せいぜい機械制御のためだけに使われてきたコンピュータを、思考に使うという方向性が打ち出されたのです。

会議自体は、規模は小さかったものの、草創期の人工知能の研究者が一堂に会して、学問としての分野を確立する重要な役割を果たしました。この集会は、後に「ダートマス会議」とも呼ばれるようになりました。ただし「会議」というよりは、実際は小さなワークショップ形式の集会であり、今の学界の感覚でいう「会議」とは大きく違うと言えます。

この集会で取り上げられた話題は、人工知能のメインのテーマとなっていきます。例えば、情報理論に基づく脳の機能の把握や、チェスをプレイするプログラムなどが議論されました。

ニューウェルとサイモンは、記号論理を処理して定理を証明するプログラム、ロジック・セオリスト（LT）を発表しました。これは人工知能のプログラムの第一号と呼ばれています（図1）。

定理の証明は基本的には、公理（最初から正しいと前提してある論理式）の式から出発して、その式を論理学的に正しさが保たれる変形を何回か繰り返し、ゴールである証明したい定理の式の形に変える作業です。ただ、手当たり次第に変換をしてもなかなかゴールにはたどり着かないので、ある種のコツ（ヒューリスティクスと呼ぶ）をアルゴリズムに入れています。

ニューウェルは、「よい科学は細部に宿る」という言葉を残しています。こうした綿密な工夫が本物の人工知能プログラム第一号を支えているのですね。

要点BOX

- ●制御ではなく思考をメインテーマとする
- ●「人工知能」という言葉の誕生
- ●定理を証明する「ロジック・セオリスト」

図1 人工知能の第一号ロジック・セオリスト(LT)の動作

問題:「『Pが真であるならばPは偽である』ならばPは偽である」を証明せよ。

素朴なアルゴリズム

- ●手順1:公理から考え始める。
- ●手順2:現状の論理式が、定理の式になっていれば証明成功として終了する。
- ●手順3:現状に当てはめられる変換を、どれか選んで適用する(例えば、「AならばB」を「Aでないか、またはBである」と書き換える変換など。LTは変換のパターンをいくつか知っている)。その結果を現状とする。手順2に戻る。

正解を出すためのコツ(ヒューリスティクス)

論理式に登場する変数の種類の数、変数の出現回数、「ならば」の数を数える。

ゴールの「『Pが真であるならばPは偽である』ならばPは偽である」は、変数は1種類で、3箇所出現、「ならば」は2個。(1, 3, 2)と表すことにする。

手順3において、現状の論理式が、この(1, 3, 2)という値になるべく近付ける変換を選ぶことにする。

実行例

まず出発点の公理として、ゴールの値に近い(1,3,1)という値をもつ「『Pが真またはPが真』ならばPは真」を選ぶ。

1回目の手順3で「代入」の変換をして、

「『(Pが偽)が真または(Pが偽)が真』ならば(Pが偽)は真」

とする。

2回目の手順3で、「または」から「ならば」を作る変換をして、(1,3,1)を(1,3,2)に近づける。

「『Pが真ならば(Pが偽)である』ならば(Pが偽)」

これぞ目標の式であり、証明成功。

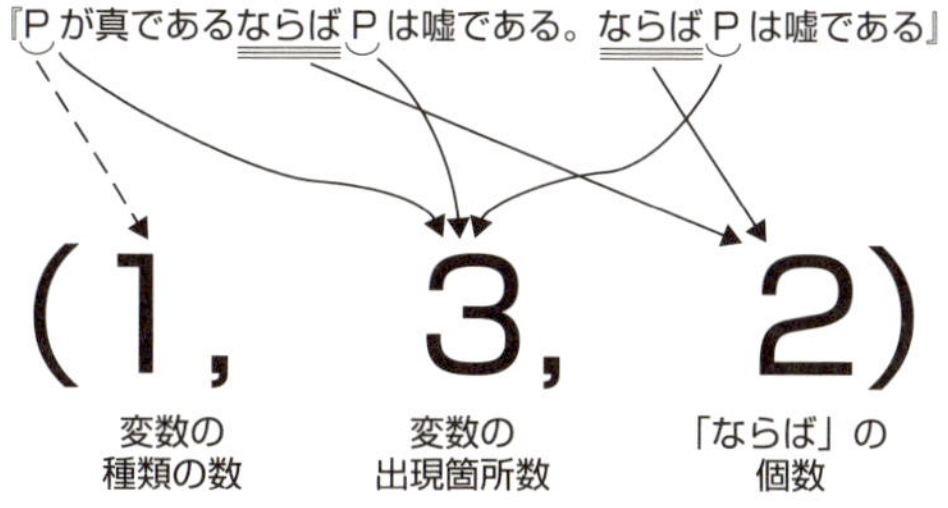

公理:議論の前提として正しいと仮定する命題。例:「平行線は交わらない」
定理:公理から導かれる正しい命題。例:「4の倍数は2の倍数でもある」

6 現実の問題に挑みはじめた人工知能

推論・探索・知識工学の人工知能ブーム

１９５０年代が探索や推論といった人工知能の基本的なコンセプトを提示する時代だったとすれば、60年代は実際的な問題への応用をはじめた時代、さらに70年代はその成果を知識工学として確立させた時代と言えます。

60年代は冷戦下の科学技術競争がたけなわであり、豊富な研究資金が人工知能の分野にも投入されました。「パーセプトロン」（今で言うニューラルネットのこと）や「Ａ＊（スター）アルゴリズム」、人間と会話するシステムＥＬＩＺＡなどが生まれたのもこの時代です。

しかし、この頃の研究ではパズルやゲーム、定理証明、積み木型物体の画像による認識といった「閉じた世界」や「人工的な実験室内の世界」での問題を扱うものが多く、現実世界にある問題を大々的に解く段階に至るのは60年代後半からのことです。

人工知能の現実問題への応用として口火を切ったのは、「エキスパートシステム」です。特定の分野の問題に対して、文字どおり専門家ばりに、あるいはそれ以上に正確な答えを出すシステムが続々と登場します。コンピュータが知識を扱えることが当たり前になり、知識工学の分野が確立します。

80年代に入ると、機械学習が再び脚光を浴びます。ニューラルネットは60年代から提案されていましたが、当初はその性能に疑問を呈されて、研究は停滞していました。しかし、80年代に再評価され、今に続く機械学習研究の大きな潮流となっています。

80年代半ばまでは、ある意味、人工知能の古典時代と言えます。すばらしい研究成果ですが、総じて言えば、取り扱っている問題が記号的すぎて、一般の産業分野や日常生活の目的に使用することは簡単ではないという一面がありました。

「簡単な問題が解けない」ことへの失望が、「人工知能の冬の時代」につながっていきます。

要点BOX

- ●60年代は推論、探索、定理証明
- ●70～80年代は知識工学、エキスパートシステム
- ●今でも社会の役に立っている技術

実世界の問題に使われ出した人工知能の例

DENDRAL （スタンフォード大学、70年代）	有機化合物の構造を推定するエキスパートシステム。質量スペクトルの形と物質構造について、if-thenルールを適用して物質推定。
MYCIN （スタンフォード大学、70年代）	患者の症状などについていくつか問答をすると、血液中のバクテリアを推定するエキスパートシステム。
Stanford Cart （スタンフォード大学、70年代）	最初は白線に沿って動くだけだったが、70年代末には散らかった部屋を自動で通り抜けるように。
DARPA SUR （米国国防高等研究計画局音声認識研究計画、70年代前半）	今日の音声認識の技術基礎が開発される。
PROSPECTOR （米SRI研究所1975年）	鉱物資源探索用のエキスパートシステム。
CHAT-80 （エジンバラ大学、80年代前半）	普通の言葉での質問に対して答えを返す「質問応答システム」。

DENDAL エキスパートシステム

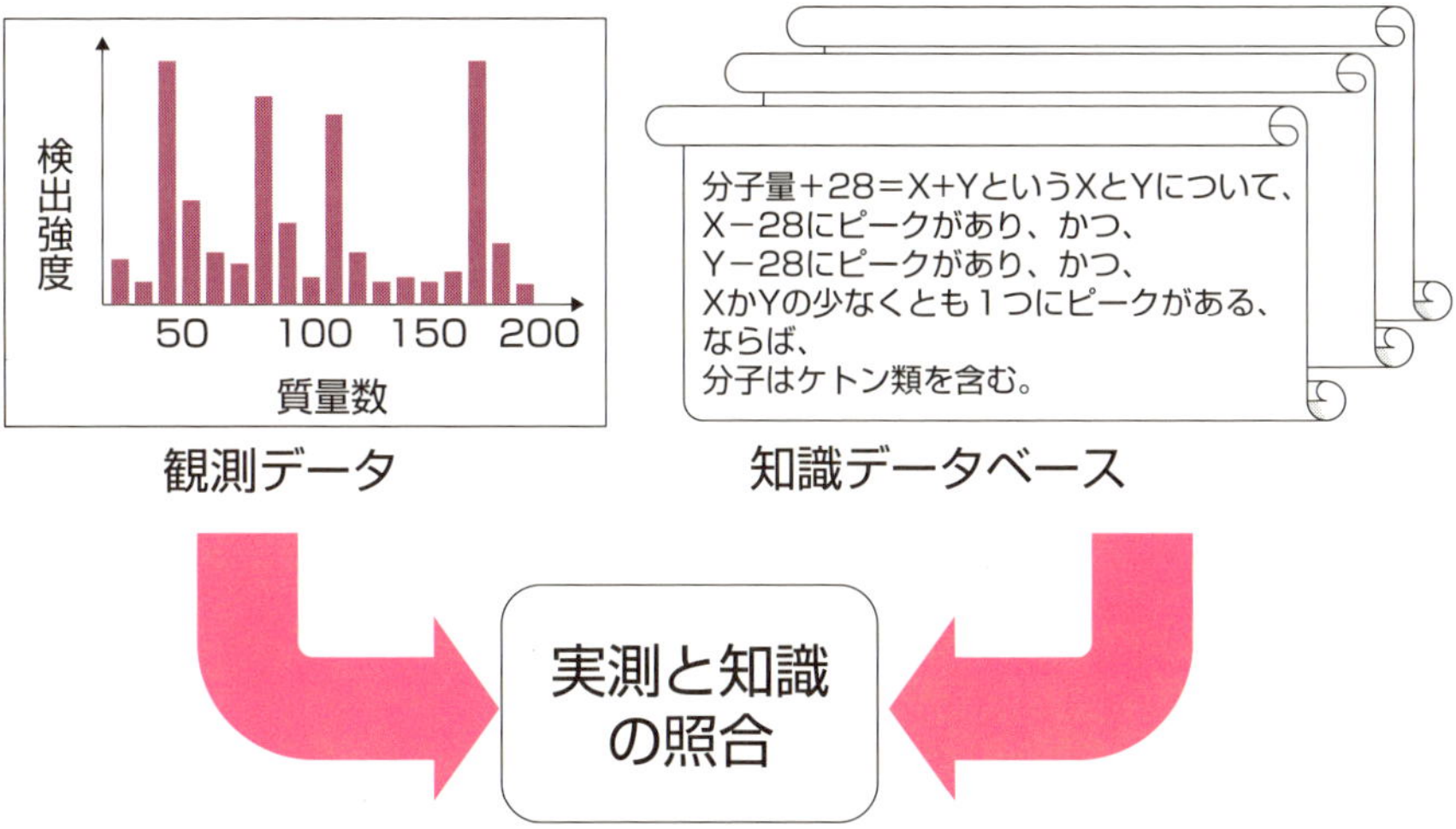
検出強度
50
100
150
200
質量数
観測データ
分子量+28=X+YというXとYについて、
X−28にピークがあり、かつ、
Y−28にピークがあり、かつ、
XかYの少なくとも1つにピークがある、
ならば、
分子はケトン類を含む。
知識データベース
実測と知識の照合

7 人工知能の冬の時代

人工知能の限界、失望、そして停滞期

「人工知能は囲碁が苦手であり、当分は人間に勝てない」と言われてきましたが、あっさり人間を圧倒してしまいました。

人工知能という技術への信頼と期待は順風満帆に高まってきたわけではなく、むしろ乱高下気味で、ブームと冬の時代とが繰り返されてきたのです。画期的な研究成果が生まれると「人工知能はすごいらしい」という期待を引き起こし、それが期待過剰を行き起こして「人工知能は大したことはできない」という失望につながるというサイクルです。とくに80年代後半から90年代は厳しい冬でした。

冬の時代には、「人工知能はこれができない」という後向きの意見が登場し、それらにはなまじ合理的な説明もついているので理系の学界ですら支持を集めたりしました。

第一の批判は、「人工知能は、積み木を積み上げるといった、極端に記号化され単純化された〝おもちゃのような問題（トイ・プロブレム）〟しか解けないので、現実の問題には使えない」というものです。

第二の批判は、「人工知能が実際的な問題を解こうとしても、たいてい計算量が多すぎて処理できない」というものです。将棋などの身近なパズルであっても、選択肢が膨大すぎて人工知能は正解を探しきれないのです。とくに、囲碁の選択肢の幅は膨大であり、人間に勝てないと信じられていました。

しかし、そんな批判よりも実際に研究の足を引っ張ったのはデータの不足です。機械学習の手本となるデータがなければ、人工知能は実力を発揮できません。今は画像データなどインターネット上にいくらでもあります。昔はフィルムの写真を撮って、現像するという手間の末にデータがやっとできたのでした。

冬の時代であっても、人工知能の研究自体は脈々と続いていて、画期的な進展はありました。それが今日の人工知能ブームの基礎となっています。

要点BOX

- 80年代後半〜90年代末に批判を浴びる
- 「現実世界は記号化しつくせない」説
- 「複雑な問題は考えきれない」説

「人工知能にはこれができない」という意見の例

1.人工知能は記号的すぎて現実問題に使えない

ロボットの目の前に、テーブルがあって、その上に1つのリンゴが置いてある。ロボットが「1つのリンゴが、目の前のテーブルの上にある」と記号化して認識すれば、それで事足りるようだが、実際には問題が山積みである。
「半分に切られたリンゴ」や「非常に大きなリンゴ」は「リンゴ」と見なすべきか？　概念と現実の物体との対応は簡単ではない。
「何か食べ物はないか？」という質問にロボットが答えるには、「テーブルの上に食べ物がある」という観点の認識が必要になり、「リンゴは食べ物の一種である」という知識が必要となる。だが、知識は無数に存在するので、全部を扱うのは無理。

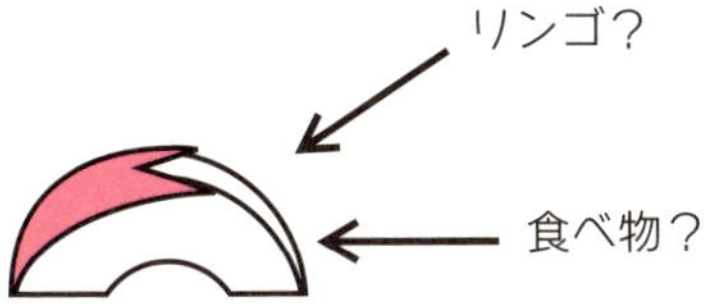

2.思考すべき場合の数が多すぎて実行不可能

囲碁や将棋といった記号的なパズルであっても、選択肢が膨大すぎて、人工知能は正解を探しきれない。

将棋は1ゲーム100手ぐらいの長さがある。仮に、局面ごとに選択肢が10個あるとしても、全体では10の100乗という、途方もない数の局面があることになる。いくらコンピュータでもこれを調べることは無理。ましてや手数と候補がもっと多い囲碁はさらに難しい。

場合の数が少ない題材では人工知能は強いかもしれないが、その応用先は限られている。

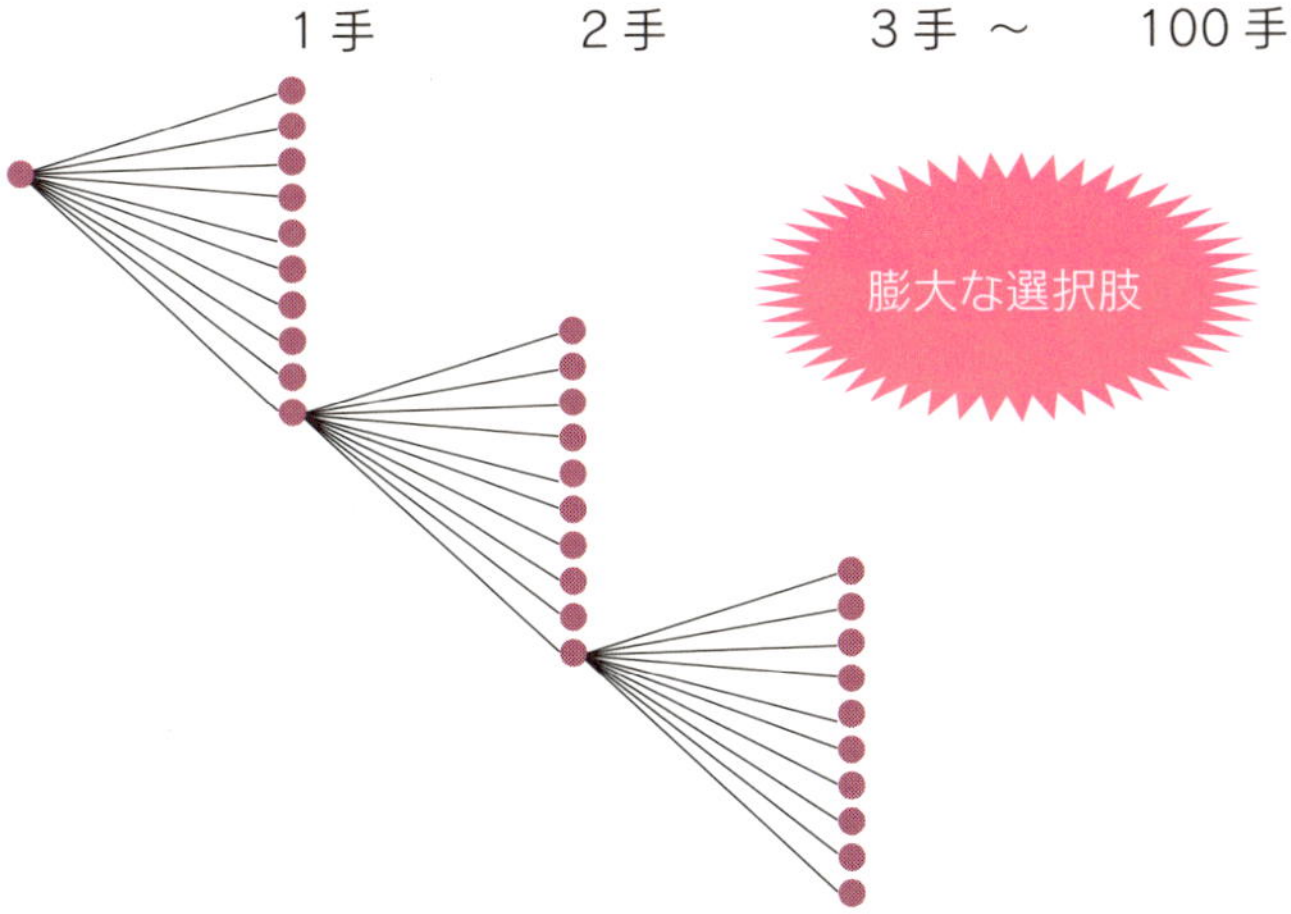

8 壁を突き破った技術革新

なぜ今、人工知能ブームが起きているのか

2010年代に入ると、突然人工知能ブームが到来しました。ネコが写っている写真を見せて「ネコが写っている」と答えることなどもはや楽勝。イヌでも飛行機でも、なんでもござれです。囲碁でも人間のトッププロを圧倒してしまいました。単なるブームではなく明らかな技術革新が起きたのです。

この大変化が起こった要因は3つあります。

第1の要因は、地道な研究の進展です。冬の時代でも研究は細々と続けられていて、1997年にはチェスで人間のチャンピオンに勝つといった成果がありました。デジタルカメラが人の顔を認識できるようになったという進歩も驚異的です。

第2の要因は、インターネットが巨大なデータをもたらしたことです。機械学習を成功させるには、学習の手本となるデータの数が勝負です。SNSでの文章や写真、ネットショッピングの購買履歴、電車の乗車履歴など、多種多様で膨大かつ日常生活にまつわるデータが急に出現したのです。

今日の人工知能ブームの立役者であるディープラーニングは、昔から知られているニューラルネットを大きくしたものと言えなくもありません。「大きいことはよいことだ」で、ニューラルネットを大きくすればすごい性能を発揮できる可能性が出てきますが、それを引き出す技術革新が起こりました。

第3の要因は、人工知能を必要とする巨大なネット企業の出現です。グーグルやフェイスブック、アマゾンといった、インターネットビジネスの覇者です。例えば、ネットショッピングでは膨大な商品の中から何を進めるべきなのかを予測しなければなりません。このような直接的な商業的価値を生み出すことが人工知能に期待されるようになりました。

かつての人工知能研究はややもすると基礎研究と見られがちでしたが、今の人工知能ブームは、巨大なビジネスでの実需に裏打ちされているのです。

要点BOX

- 飛躍的な発展の底流となった地道な進歩
- インターネットからビッグデータの出現
- 巨大ネット企業による積極的な投資

人工知能関連技術の躍進の流れ

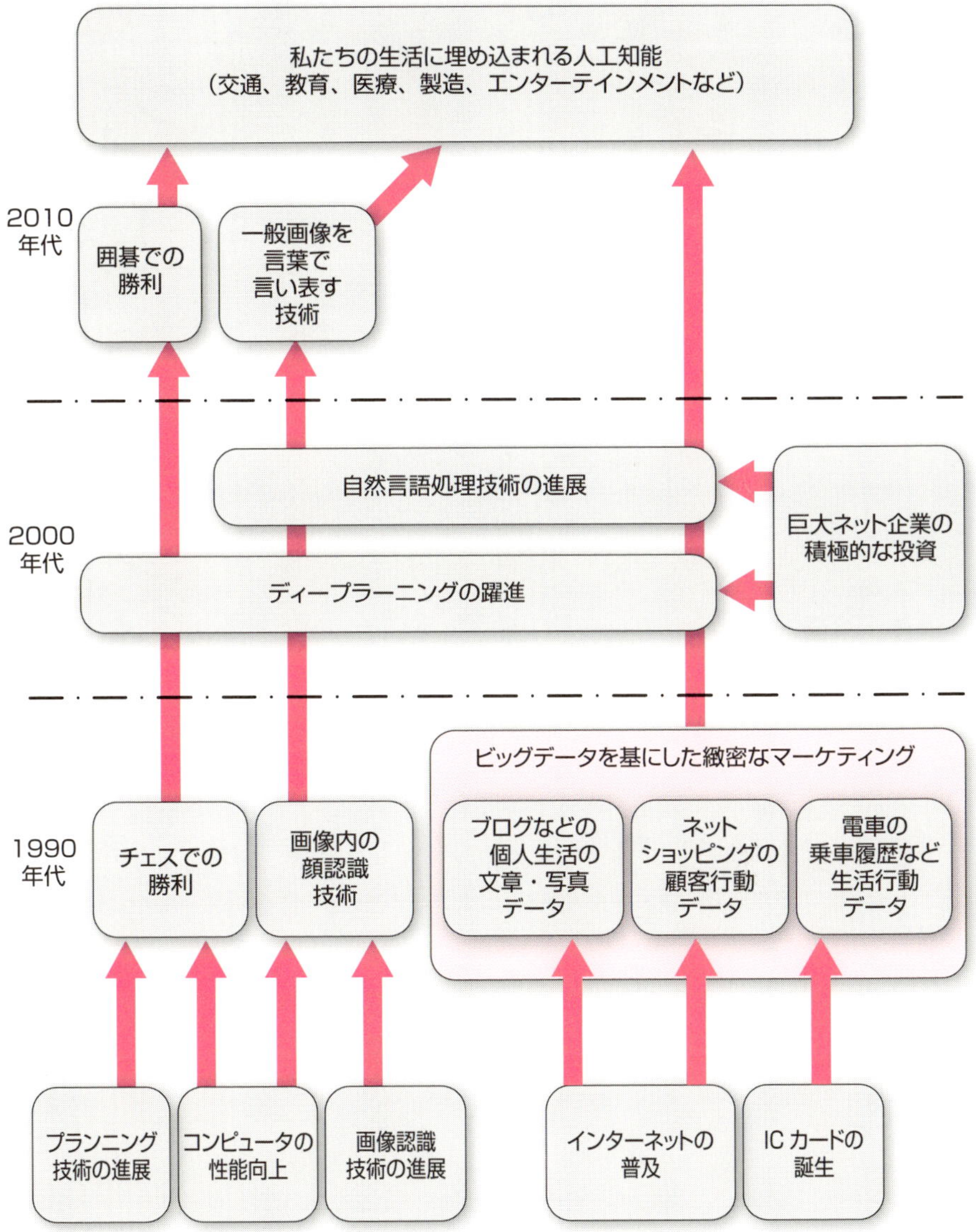

9 人工知能ブームの立役者、ディープラーニング

写真の内容を見分けられるようになった

ディープラーニング（深層学習）とは、従来よりも多くの層が重なった、〝深い〟（〝厚い〟と言うべきしょうか）ニューラルネットを使った機械学習のことを指します（第5章で解説）。しかし、世間では安易な流行語になっていて、「深く考える機械学習」という誤解気味な意味で受け取られているようです。

ニューラルネットは昔から研究され続け、何層も重なった深いモデルを使うということもありました。しかし、層を増やしたからといって、性能がすごくなるというわけではありませんでした。そんなニューラルネットに、ネコの写真をたくさん見せて、ネコの写真とは何たるやを学習させようとしても、うまくいきませんでした。「ネコの写真を定義する計算式」なるものを、簡単に作れるはずがないのです。

それが、2010年代に入り急にできるようになったのですから、世間のみならず学界でも衝撃でした。連綿とした研究の進展が底流にあったとはいえ、どんな写真を見せてもそれを言葉で表せる人工知能の登場はインパクトがありました。

機械学習とは、答えを出すのに最も肝心な特徴を見つけ出すことと言えます。写真のファイルは数メガバイトもありますが、「ネコの写真かどうか」を判定するには、全ての画素情報が平等に大事というわけではありません。ネコっぽい色や模様、形といった構造化された情報が判定に役立つはずです。

従来から、有効な特徴を見つけることは機械学習のメインテーマとして研究されていたものの、一般の写真を認識するという雲をつかむような問題のレベルでは難しかったのです。それが、とうとう実現できたというのが、ディープラーニングの衝撃なのです。

人間の勘でしか見分けが付かなかったことが人工知能でもできるようになりました。例えば、囲碁のような感性が大事と言われてきたゲームでも、人工知能が人間に勝利したこともつながっています。

要点BOX

- ●膨大な入力の中から肝心な特徴だけを注目
- ●非常に多層のニューラルネットの活用法が確立
- ●飛躍的進歩で衝撃を与える

画像データの大きさのパラドックス

下の図のように、縦10列、横10列で、白黒2値のビットマップ型の画像があるとする。サイズはわずか100ビットだ。この枠内でのありうる画像のパターンを全て見尽くそうとすると、1秒で1枚を見るペースでは、2の100乗秒、すなわち10の22乗年かかる。これは人間の一生の時間よりもはるかに長い。

つまり、私たちが一生のうちに目にすることのできる光景のレパーリーは、たかが100ビットの画像の全レパートリーより少ないという理屈になる。

世界には多種多様な光景が無尽蔵存在すると思われるが、実は互いに似たり寄ったりのものばかりで、レパートリーは少ないということなのだろうか?

これはコンピュータビジョン工学の権威、金出武雄博士がある講演で紹介したパラドックスである。

風景や物事の光景を、何メガバイトの情報を使って表現しようとするのは冗長ということになる。かなり少数の特徴量だけを把握するだけで、何が写真に写っているかをピタリと言い当てることができるかもしれない。ディープラーニングは、まさにその特徴量をとらえることに成功したと言える。

100マスしかない素朴なビットマップ画像だが…

Column 1

人工知能研究の歩みとこれから

研究の流れは大きく2つありました。

初期の研究の流れは、「知能の定義」から始まりました。人工物に知能をもたせるということは、どういうことなのかということを決める必要がありました。

そこで知能のお手本として人間を設定ました。人間ならできる知的だと感じられる課題（例えば数学の定理の証明やチェスでうまく戦うなど）を設定し、人間の考え方を手本としたプログラムを製作しました。やがて徐々に性能を上げていき、プログラムといえども高い知能があると認めざるを得ない域に達しました。現在では大学入試問題を解かせたり、囲碁や将棋でプロと対戦し勝つといった、人間を超えるところまできています。

もう1つの流れは「ビッグデータ」です。この20年くらいで発達してきました。「知能」を人間から少し切り離してとらえてみると「与えられた情報から自ら判断して適切に行動できる能力」と言うことができます。ここでは人間がモデルである必要はないわけです。例えば医者は専門知識や経験をもってして診断を行いますが、過去の大量の診察データをもとに診断を下すことも可能です。

人間は確かに知的な生物ですが、ビッグデータのような大規模なデータの処理は苦手です。つまりビッグデータの流れを汲んだ人工知能は、題材によっては人間を凌駕する能力を有します。

この2つの流れが統合され、大きなデータを見て、より高度な処理判断ができるようになりました。これが現在の人工知能技術の躍進となって表れています。

ところで、前者の流れはいわば、人間の理性的な思考はどうなされているのか、どのような規則が基になっているのかという論理的な世界です。一方、後者は「うまくできているけれど、中で何をやっているのかわからない」という直感や暗黙知の世界です。2つは対極的ですが、時代とともに研究のブームの中心が行ったり来たりしています。

ビッグデータによって、今は直感的な知能が注目されていますが、これからは「中で何をやっているのかを説明できる」人工知能が求められます。「この処理ではデータのどこに注目してどう計算したか」を知りたいのです。それは論理主導の研究への合流とも言えます。今後再び論理的な世界が注目されてくるでしょう。

第2章

人工知能を体感してみよう

10 探索木に沿って考える

人工知能が答えを探すメカニズム

本章から人工知能の技術を体験してみましょう。それが技術を理解するための最良の方法です。

人工知能が解くことができる問題には様々なタイプがありますが、その中で大きな割合を占めるのが探索木で表されるタイプの問題です。正しい行動を行うと正解にたどり着けるパズルがそれにあたります。

違う行動を選択すると、事態は枝分かれして別の結果に至ります。この枝分かれを木の形で図示したものが探索木です。探索木のどこかにある正解への道を見つけるには、深さ優先探索と幅優先探索という2つのアプローチがあります。

深さ優先探索は、とにかくすべての分岐点でまっすぐ進むことにして、行けるところまで行きます。行き止まりについてしまったら、最前の分岐点に戻って、今度は別の枝を選び、そこからやり直し、またまっすぐ進みます。迷路を解く方法として、壁に右手をつけ離さないように進むというのがありますが、これは深さ優先探索になっています。

深さ優先探索は、特定の方向だけに集中して考えるので、記憶すべきことが少なく、記憶装置を多くもたなくても済むという利点があります。壁に右手をつけて迷路を解くという戦略では、何も記憶せずにひたすら歩き続けるだけで解けます。

しかし、運が悪ければ、正解とは見当違いの方向の枝をしつこく調べることになり、非常に無駄です。

幅優先探索は、初期状態から1手で到達できる状態をすべてリストアップし、その中にゴールがないか探します。もしゴールがなければ、今度は初期状態から2手で行ける状態をすべて調べる、という風に、根元からじわじわと探していく戦略です。

幅優先探索は、深さ優先であった方向選びの運の善し悪しはありませんが、大量の記憶を要します。

どちらの方法も欠点があるので、実用化されている探索戦略では様々な工夫を加えています。

要点BOX

- ●探索木で答えを見つけることが人工知能の基本
- ●深さ優先探索と幅優先探索
- ●探索木が大きすぎて解けない問題も

深さ優先探索の順序

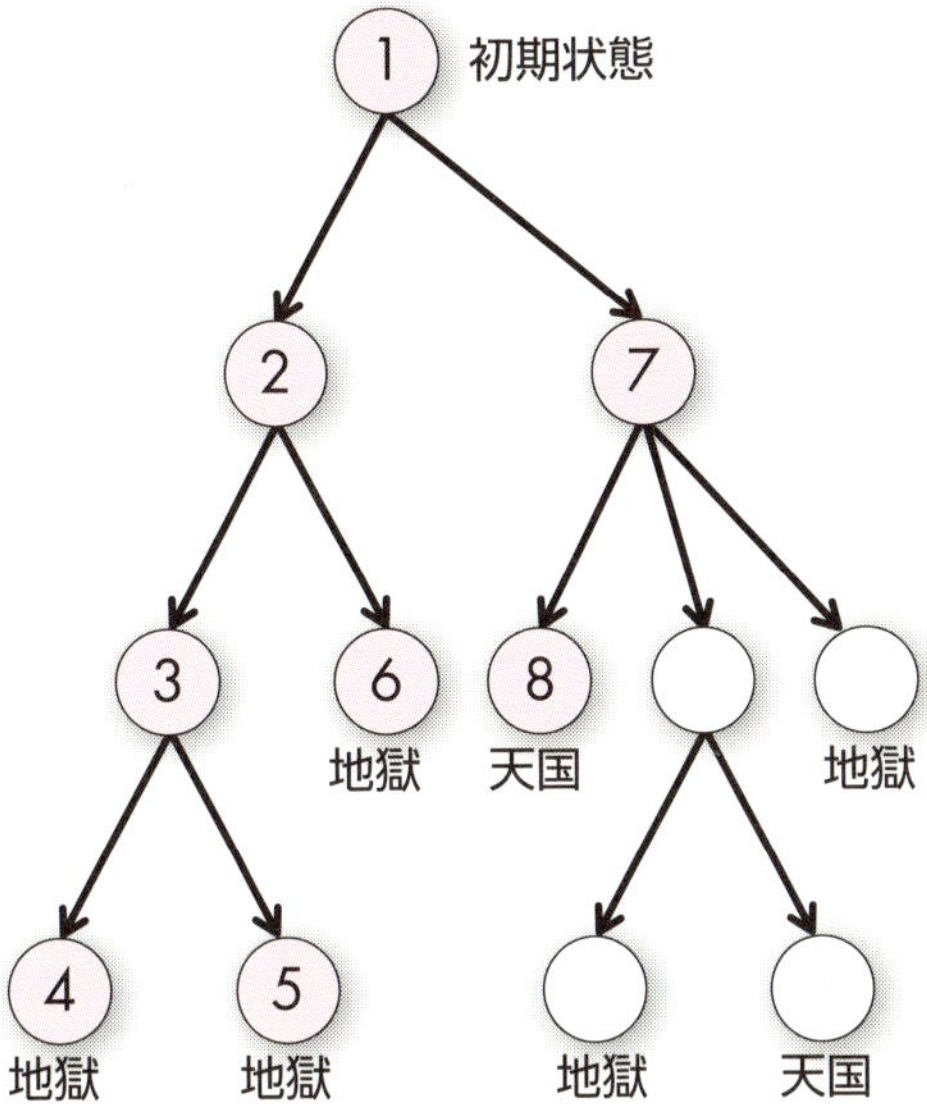

数字の順で天国がないかを調べていく。ある枝に入ったら、まずその末端まで行く。

幅優先探索の順序

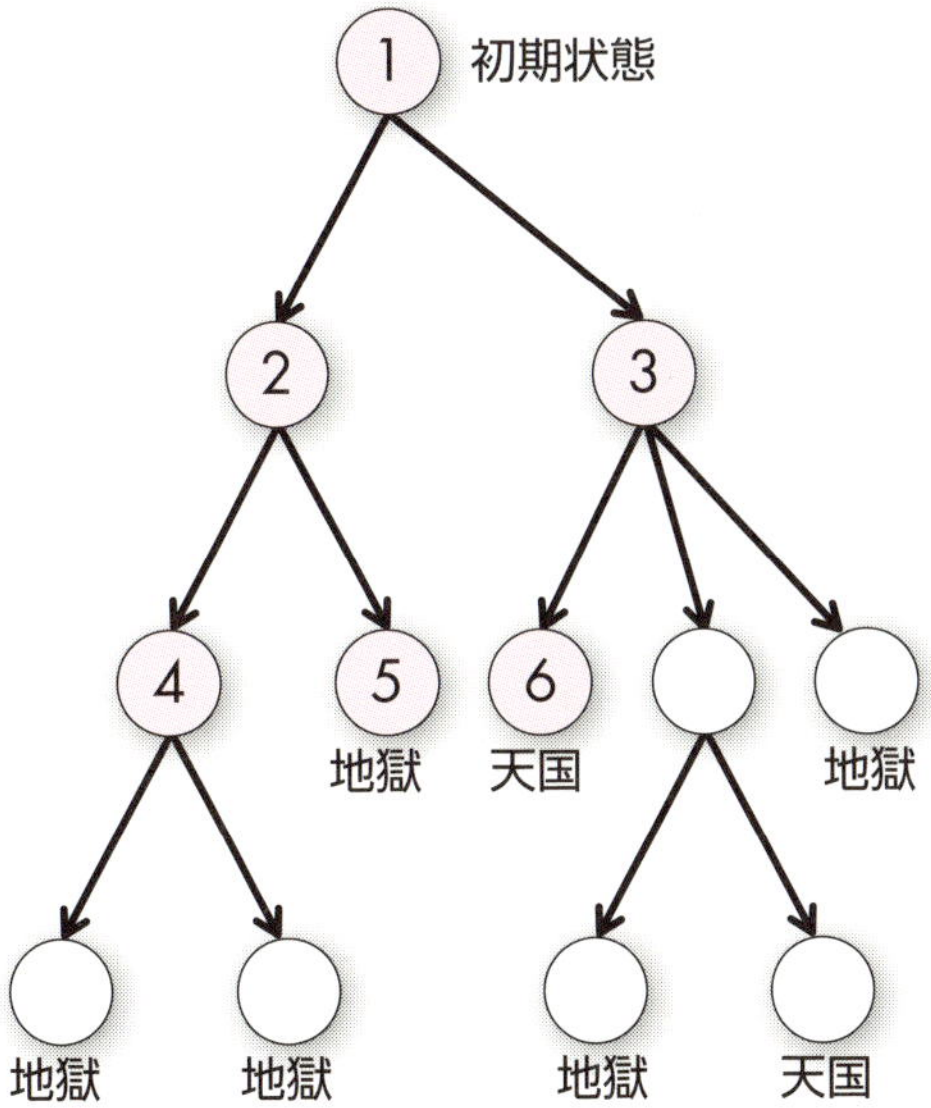

根元からじわじわと天国がないか調べていく。

11 鉄道路線で一番の近道を探したい

経路探索の古典、ダイクストラ法

都市部の鉄道路線図はまさに網の目のように入り組んでいます。移動経路の取り方は何通りもあり得ます。一番早く着く経路はどうやって探せばよいのでしょうか。この問題を解くアルゴリズムの草分けはダイクストラ法です。

手順1（初期化）：出発駅にたどり着くのにかかる「最短所要累計時間」を0とする。一方、出発駅以外の「最短所要累計時間」は無限大とする。すべての駅を未決着駅リストに入れる。

手順2：未決着駅リストの中で、最短所要累計時間が最小の駅をXとする。Xを「決着済みリスト」に入れる。

手順3：Xに隣接する駅すべてについて、最短所要累計時間が小さくならないか、次のように検討する。隣接駅をYとする。Xを経由してYに行く場合の到達所要時間は、（Xの最短所要累計時間）＋（XからYまでの移動にかかる時間）である。この値が、今記録されているYの最短所要累計時間よりも小さい場合は、この値でYの最短所要累計時間を書き換え、さらにYの「直前に通る駅」としてXに記録する。

手順4：未決着駅リストが空でなければ、手順2に戻る。空であれば、探索は完了である。最適ルートは目的地から、「直前に通る駅」の情報を後戻りしてたどれば浮かび上がる。

ダイクストラ法の優れている点は、無駄な計算の手間を省いている点です。出発駅から途中駅までの最短所要累計時間が求まれば、それ自体は目的駅がどこであれ変わりませんから、改めて計算しなおすということをしないのです。

ダイクストラ法は、すべての駅を検討するので、厳密な最適解を答えますが、路線図が大きいと計算時間が膨大にかかります。現実の乗り換え案内サービスではさらに改良された方法が使われています。

要点BOX

- ●最短ルートを探すアルゴリズム
- ●来た方向と累積時間だけを覚えておく
- ●電車の乗り換え案内の基本メカニズム

東京駅から渋谷駅への最短経路の探索中の図

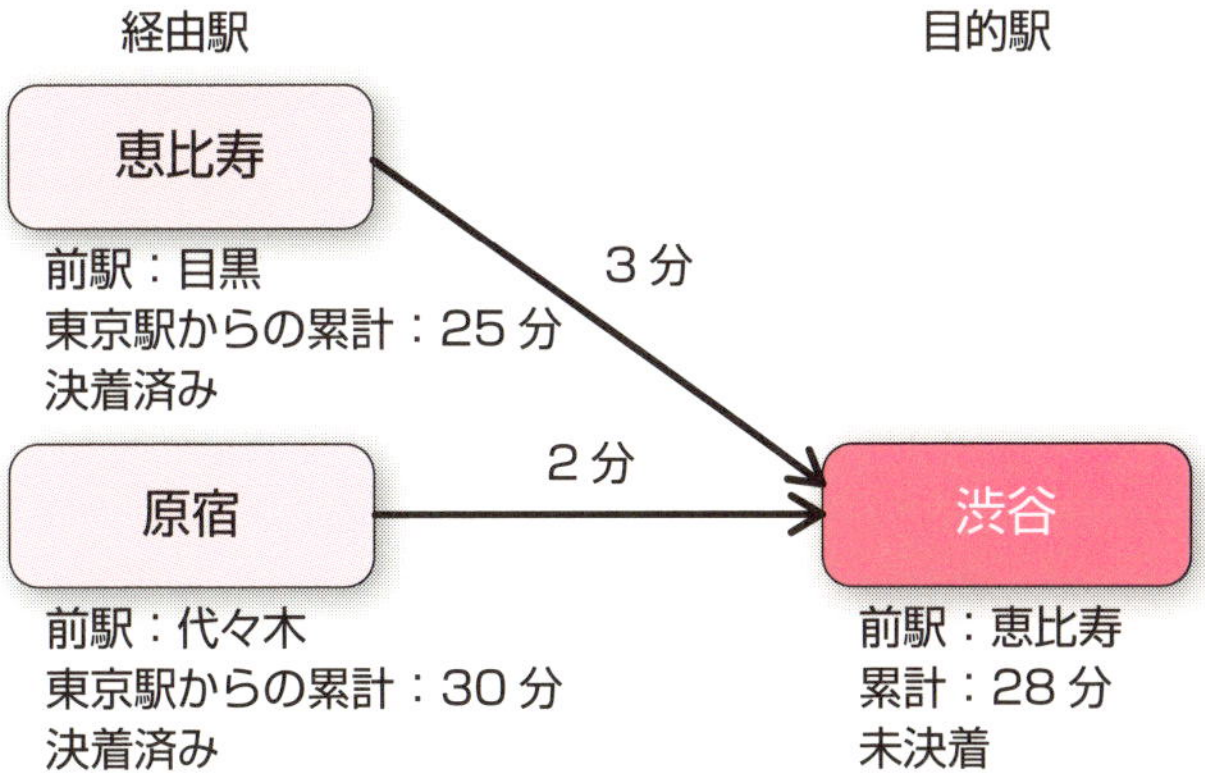

恵比寿経由コースの累計 28 分で一番早いことを、渋谷駅のデータに記録する。

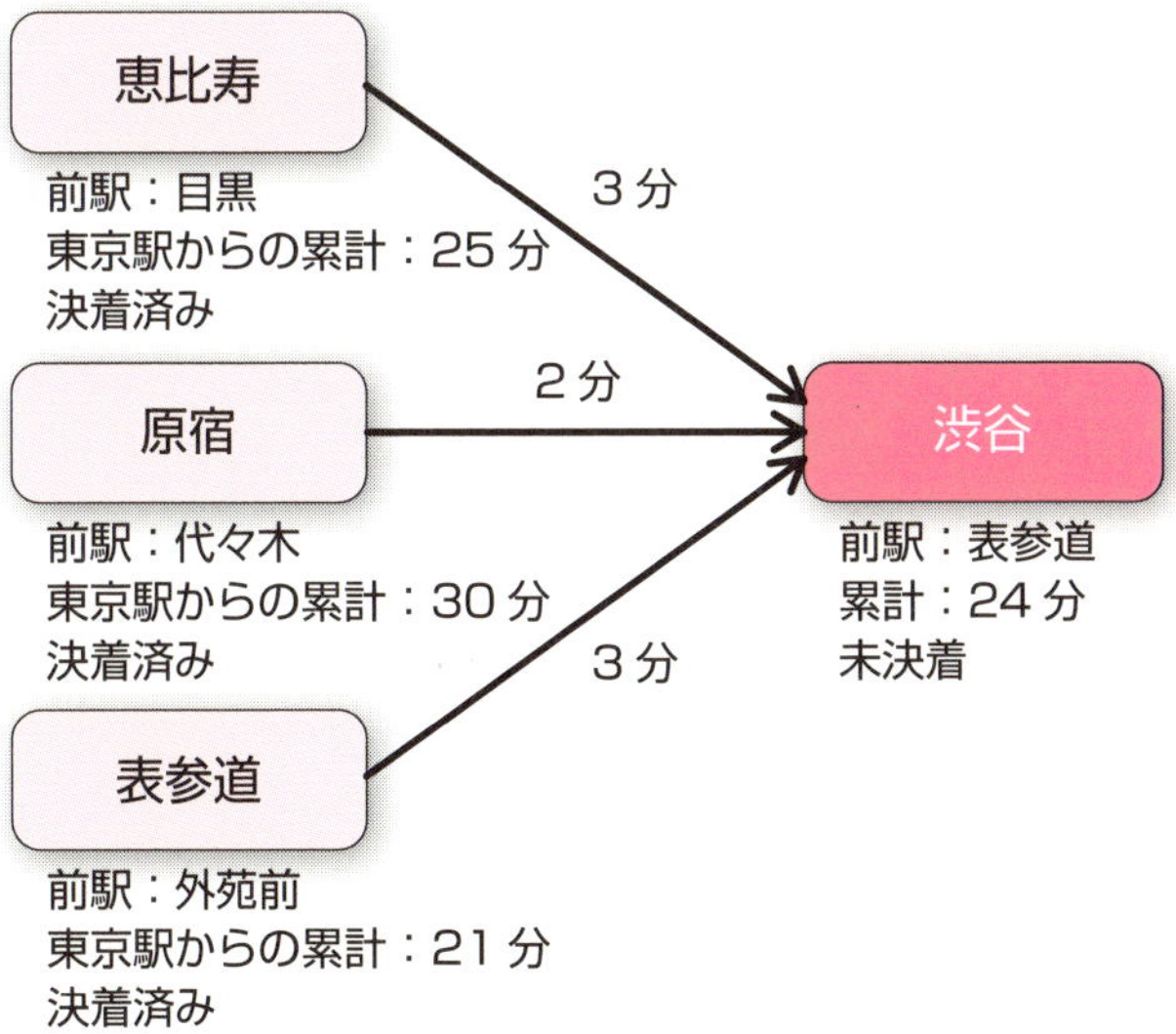

今、表参道駅を新たに注目駅として検討する。その隣接駅である渋谷の値が再検討されて、よりよいルートのデータが書き込まれる。

12 ヒューリスティクスを使った探索

A*アルゴリズム

こんな問題を考えてみましょう。「東京駅から東京タワーへ道路で行くもっとも短い経路は何か?」

東京の道路のネットワークは複雑です。深さ優先探索にせよ、幅優先探索にせよ、どちらを使っても探索に時間がかかりすぎてしまいます。

最短経路は次の性質をもっています。ある地点が最短経路上の点ならば、「スタートからその地点までの距離の最小値」＋「その地点からゴールまでの距離の最小値」が、他の地点にくらべてもっとも小さいということです。地点XとYとを比べて、Yの方の値が大きいならば、Yはボツにしてよいのです。「スタートからその地点までの最短距離」は探索を進める中で確定することができます。問題は「その地点からゴールまでの最短距離」が、探索の途中ではまだわからないことです。

そこで、「その地点からゴールまでの最小距離」の代用品として、「その地点からゴールまでの直線距離」を使います。言わば、その地点からゴールまで空を飛んでいった場合の値です。

このコツによって、実用上はうまくいくのです。コツのことをヒューリスティクスと呼びます。

探索の初めのうちは、とにかくゴールの方向に進めばよいということになります。しかし障害物に突き当たって迂回を迫られることもあるでしょう。すると「スタートからその地点までの最短距離」の項が大きくなって、一番見込みのある地点の座から転落します。その場合は、より小さな距離の見込み値をもつ別の地点から探索をし直すのです。

ここで紹介した探索の仕方は「A*（スター）アルゴリズム」と名付けられています。

A*アルゴリズムの要点は、
「ゴールまでの距離の予測値」≦「実際にゴールまでかかる距離」
という性質をもった予測値を使うことです。

要点BOX

- ●どれから試すかにコツ（ヒューリスティクス）
- ●ゴールまでの見込みを楽観的にもつ
- ●理論的に絶対ではないが探索の効率化が可能

ある地点を通るルートの総距離の最小値の見積り方

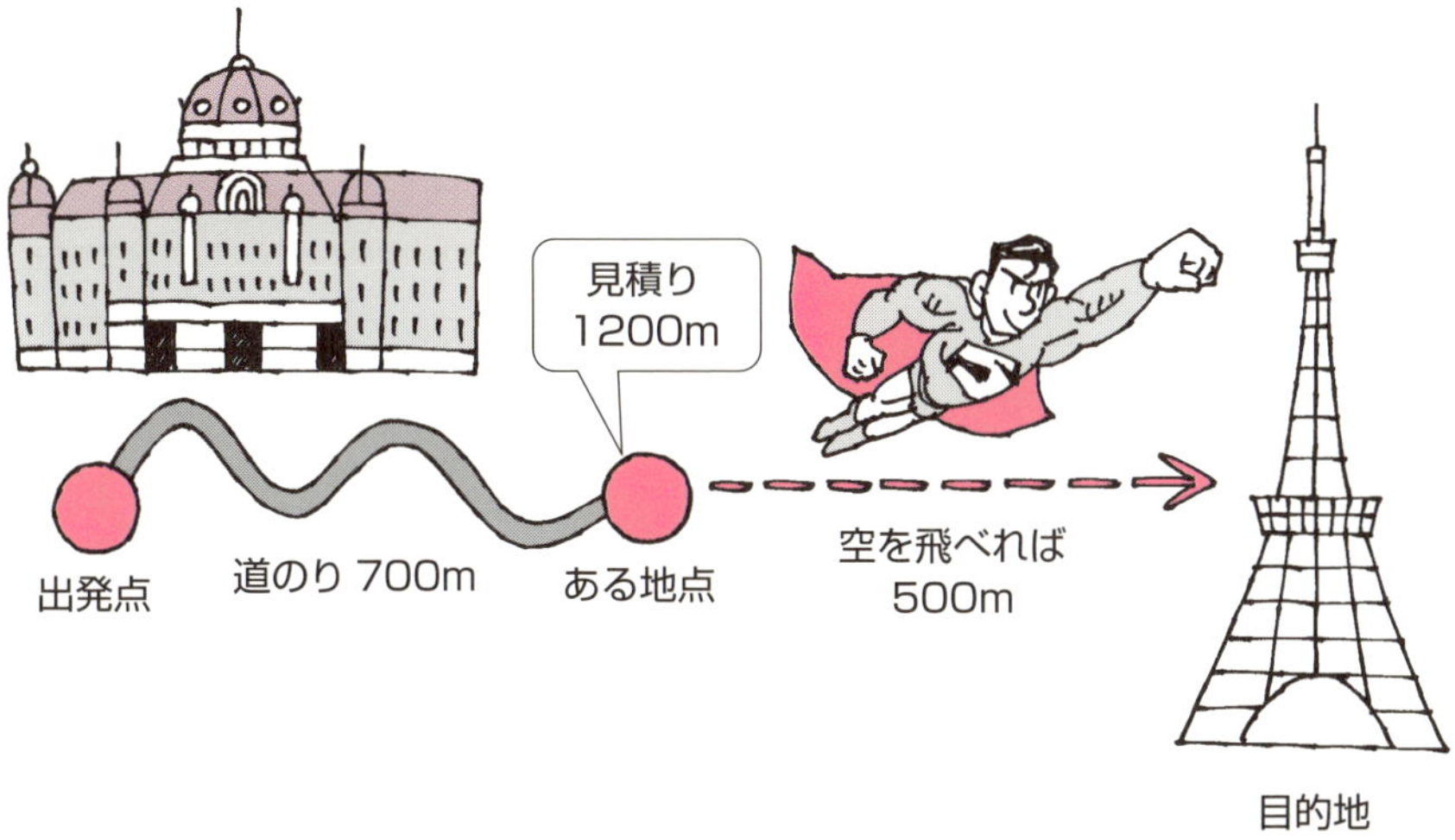

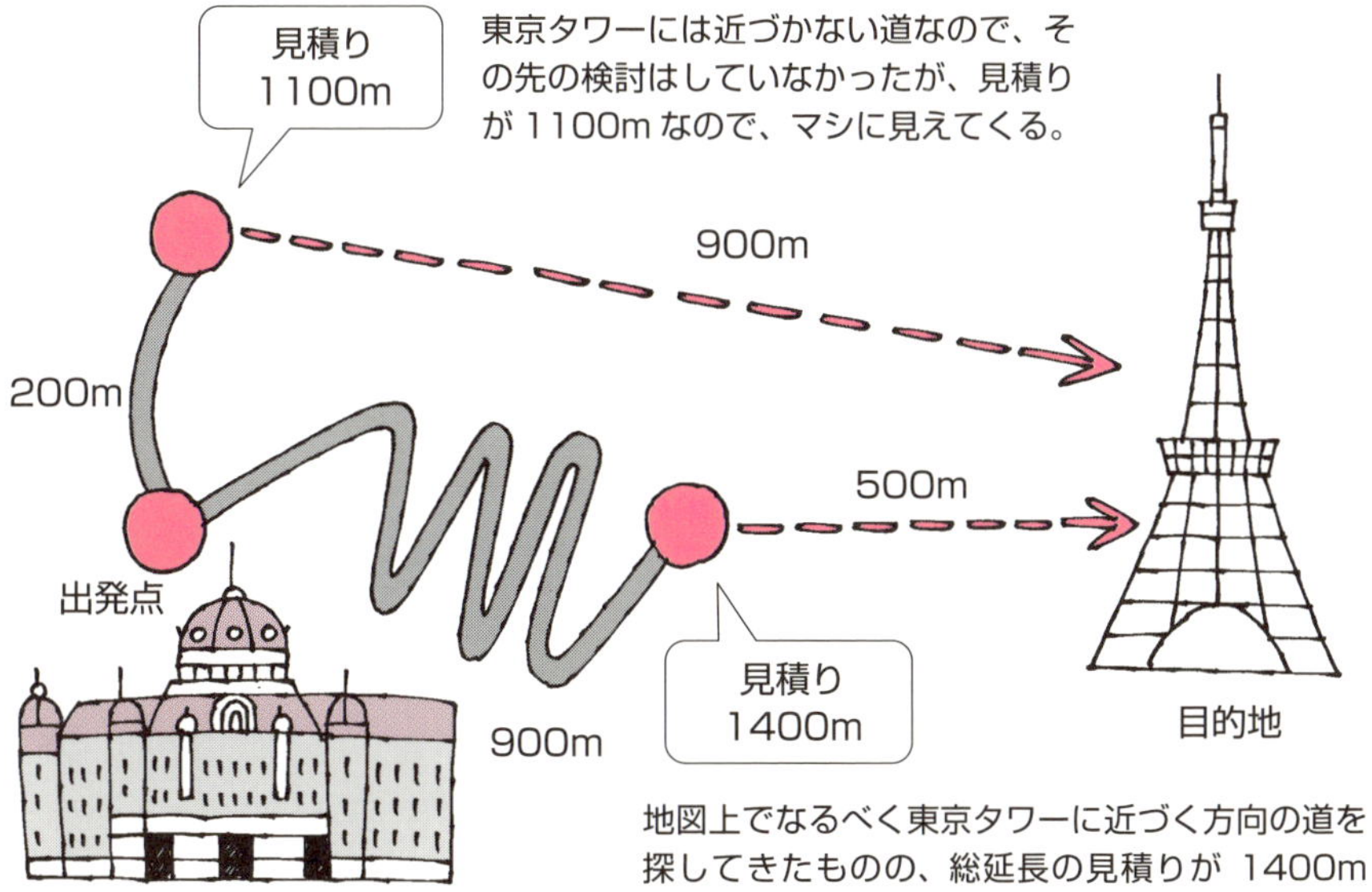

検討が進んでないルートは、距離見積りが小さく見えるので、そこにも検討のチャンスが回ってきやすい。

13 最小値探索で文字列の類似性を見抜く

ＤＰマッチング

「あたらしい」は昔は「あらたしい」と言いました。言葉の文字列というものは、長い時間を経ると、文字が抜けたり加わったり変わったりと少しずつ変化していきます。突然全部が変化するわけではありません。

この少しずつ変化する原理は、遺伝子の配列でも同じです。共通の祖先をもつ生物同士は、共通の遺伝子配列をもち、その一部に文字の挿入や欠落、変化による違いがあるのです。

ではこういった遺伝子の変化をたどれるでしょうか？　例えば、人間の遺伝子配列とサルの遺伝子配列を比べて、どこが共通であり、どこがどう変化したのか、詳しい対応関係（マッチング）を判断したいのです。ＤＰマッチングは、この問題を解決するためのアルゴリズムです。

今、配列の類似度を次のような点数で評価することにしましょう。

●文字が同じ場合のご褒美：3点
●文字が違う場合のペナルティ：マイナス20点
●片方の配列で1文字欠落したとみなす場合のペナルティ：マイナス5点

この観点から、2つの文字列の対応関係を調べるのです。

素朴に、「ＡＧＧＴＣとＡＧＴＴＣとは、4カ所で文字が同じで、1カ所で文字が違うから、評点合計はマイナス8点である」というマッチングを考えることもできます。

しかし実はもっとよいマッチングがあります。もともとは「ＡＧＴＣ」という配列であり、配列1ではＧがダブり、配列2ではＴがダブったと考えるのです。こうすると、左図でのアルゴリズム実行結果からわかるように評点合計は8点まで上げられます。

ちなみに、ＤＰとはダイナミックプログラミング（動的計画法）のことです。歴史的な呼び名であり、今では誰も本来の意味を意識せず使っています。

要点BOX
●文字列の類似性を調べる
●似ている遺伝子配列を探す技法
●途中の計算結果をうまく利用して効率化

DPマッチングのアルゴリズム例とマッチングの作業表

手順1　配列1を縦に、配列2を横にした表を作る。

手順2　左上隅のマス目から、右下隅のマス目に移動する経路を考える。この移動には次のルールがある。

●移動可能方向：右か真下か斜め右下　→か↓か↘

●移動費用：右か下に進む場合は−5点のペナルティを受ける。斜め右下移動はペナルティ0点。　→か↓:−5点　↘：0点

●マス目進入時の賞罰：マス目に進入する際に、配列1と配列2とが同じ文字のマス目では3点もらえる。文字が違うマス目の場合は−20点のペナルティを受ける。

同じ文字：3点　違う文字：−20点のペナルティ

手順3　表の一番上の行と、一番左の列について、そこを直進した時に、各マス目に到達するまでの点の累積値を計算して、表に書き込む。

手順4　残りのマス目については、上の行から順番に次のように調べていく。左、上、左上のどの方向から進入すれば一番点数が高いかくらべる。その最高点と進入方向をマス目に記入する。

手順5　すべてのマス目での累積点の計算が終わったら、右下隅から進入方向を逆にたどってみる。それが、一番よいマッチである。

配列2 / 配列1	A	G	T	T	C
A	3	−22	−47	−72	−97
G	−22	6	−19	−44	−69
G	−47	4	−14	−39	−64
T	−72	−21	7	5	−20
C	−97	−46	−18	−13	8

マス目に書かれているのは、そのマス目に到達する最良の経路での得点。

配列1

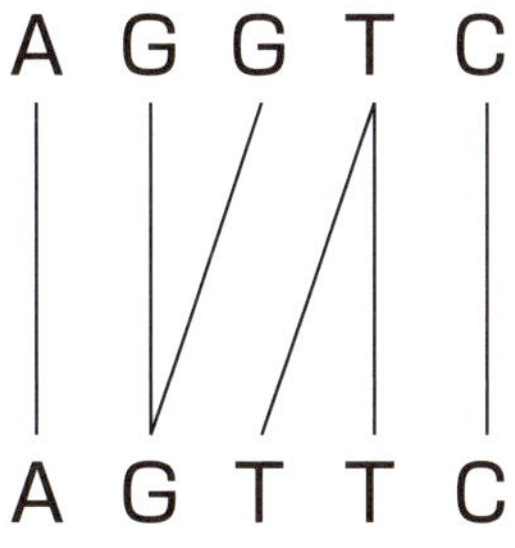

配列2

DPマッチングの結果、文字の対応は配列1ではGがダブり、配列2ではTがダブったと解釈すべきとわかる。

14 やりながら学ぶオンライン学習

Q学習で試行錯誤しながら学ぶ

今、あなたは迷路の入り口に立って、出口まで行かねばならないとします。迷路の全貌はわからず、自分で歩いて地図を作っていくしかありません。分岐点でどの道を選べばいいのか、それは神のみぞ知ることです。しかし、いつまでも悩んでいてもしようがないので、試行錯誤で進めることにします。Q学習（Q learning）はそのような試行錯誤型の探索の代表例です。

迷路は、単純化してとらえれば、位置とそれらをつなぐ通路で成り立っていると言えます。そして通路の進み方は、行きと帰りの2方向ありえます。

ある通路をある方向に進むことを、ここでは「行動」と呼ぶことにします。各行動について「推奨度」なる数字を割り当てます。その行動を選ぶべき度合いを表す数字です。

学習の目的は、ベストの経路ではその推奨度を高くし、それ以外の経路では低くすることです。試行錯誤しながらを理想に近づけていきます。そのアルゴリズムは**図1**のとおりです。

手順2～4のループを繰り返すと、徐々に推奨度の値が安定してきて、スタートからゴールへ比較的短距離で行ける経路が明らかになります。

推奨度ははじめのうちは全くのでたらめですが、ゴールの付近をうろうろしていると、ゴールに近付く経路の推奨度が徐々に高く更新されていきます。というのも、**図3**のように、ゴールインする行動の高い推奨度がじわじわと周辺に伝播するからです。

やりながら試行錯誤で正解を見つけていくオンライン学習は応用先が広いです。しばしばネット上では、人工知能にスーパーマリオブラザーズのようなアクション系のテレビゲームをさせてみたという動画を観ることができます。その多くはQ学習を使っています。例えば、「どの位置に来たら、どの行動をすればよいか」を学習させています。

要点BOX

- 試行錯誤で随時学習結果を更新する
- 正解への道がじわじわ伝播する
- とりあえず乱数を使って学習開始

図1 Q学習のアルゴリズム

手順1　迷路のスタートの位置から、隣接する位置をランダムに選び、そこに進む。

手順2　現在位置で取り得る「行動」の中で、ゴール地点に到達する「行動」があれば、その推奨度は100とする。また、推奨度がまだ設定されていない「行動」があったら、ランダムに数字（1～10）を割り当てる。

手順3　現在位置にて取り得る「行動」の中で、最も推奨度が高いものを見つける。その値から1を引いた値を、直前にいた位置から現在位置へと進む「行動」の推奨度にする（図2参照）。

手順4　隣接する位置のいずれかを選んで移動する。この選択は全くのランダムでもよいし、推奨度が高い「行動」ほど多く選ばれるようにする方式もある。手順2に戻る。また、探索が迷路の一部分に偏らないように、手順1に戻るという工夫もある。

図2 ある行動の推奨値の更新

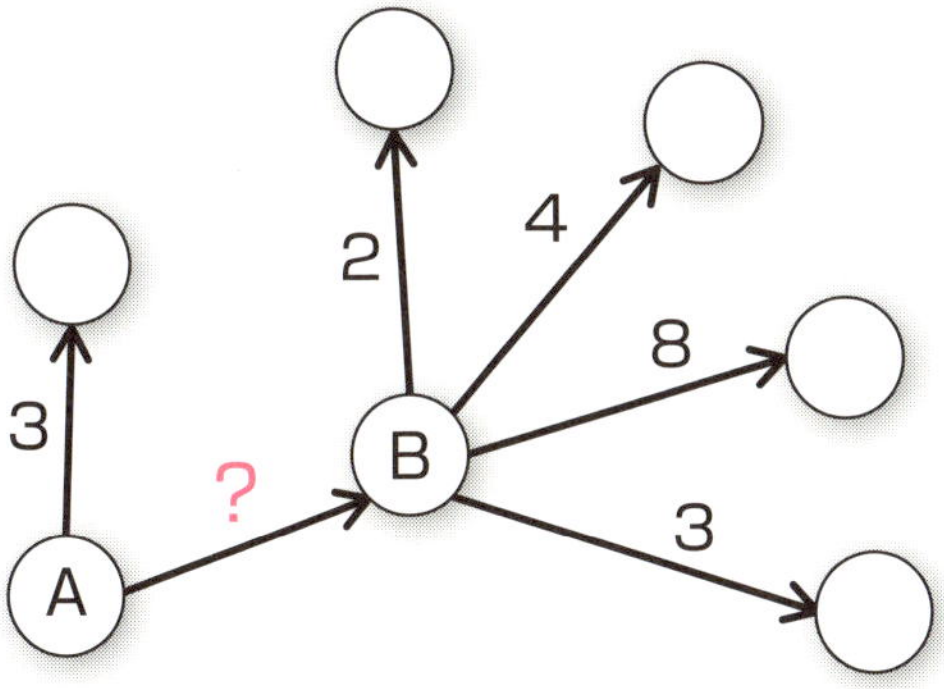

位置 A から B に移る行動の推奨度を設定したい。B でできる行動で最大の推奨度は 8 である。よって、A から B へ移る行動の推奨度は 8 から 1 引いた 7 と設定する。

図3 ゴールへの道が浮き上がる仕組み

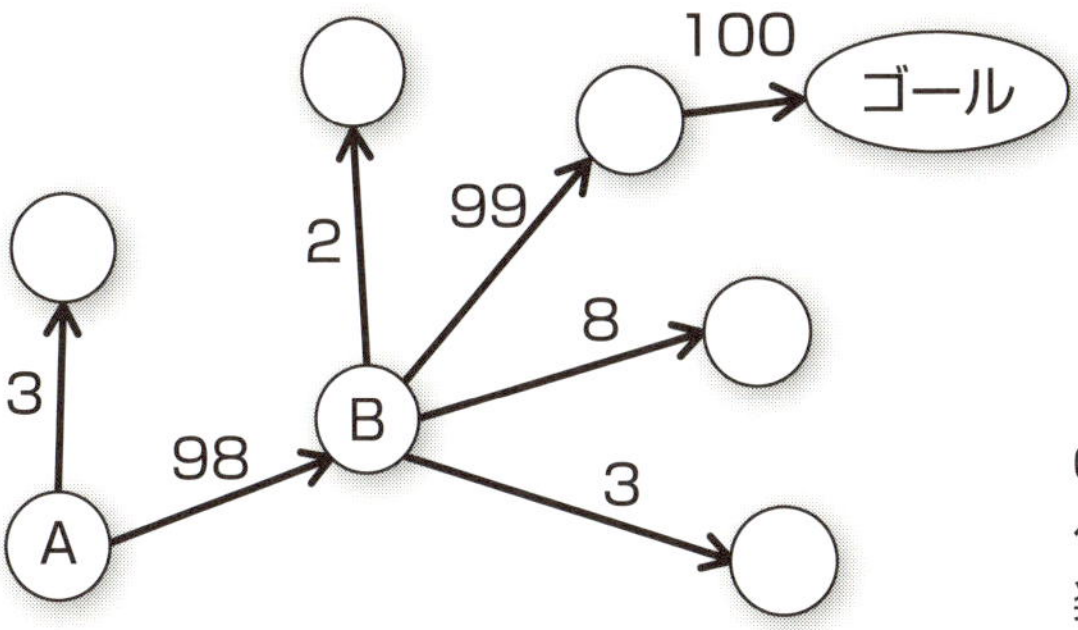

Q 学習が進むにつれ、ゴールへたどりつける行動に高い推奨度が伝染していく。

15 対戦的状況での戦略を選ぶゲーム理論

相手の出方を見越して勝つ手順を探し出す

人工知能は、チェスや囲碁、将棋といった2人対戦の題材でも強さを発揮しています。遊戯だけではなく、企業間競争や軍事戦略といったシリアスな題材でも人工知能は応用されています（48 49参照）。

その基礎となるのが1944年にノイマンとノルゲンシュテルンによって提唱された「ゲーム理論」です。

2人でジャンケンをするとします。相手はチョキを出せないという拘束を課せられているとしましょう。この場合、自分は何を出すべきでしょうか？

自分はチョキを出し、相手がパーを出せば、自分の勝ちです。という勝ち目があるとはいえ、相手が自分を勝たせてくれるようにパーを出すというのは、虫のいい話です（表1）。

「相手はこちらにとって一番都合の悪い手を出すと覚悟する」と謙虚に考えて、自分の出す手それぞれの場合について、最も損害をこうむるケースを基準に戦略を練ります。自分がグーかチョキを出すと負ける可能性がありますが、パーなら悪くてもあいこで済みます。よって無難なパーを出すのが最善です。

これをミニマックス戦略と呼びます。自分がどの行動を選ぼうが、相手は賢いので自分の戦果は最小（ミニマム）にされる。しかし、最小戦果の中で最大（マックス）のものが得られる行動を選ぶという意味です。

ゲーム理論では「囚人のジレンマ」という問題が有名です。今、共犯者2名が警察に捕まっています。2人とも黙秘すれば共に無罪放免です。片方が裏切って、相手に不利な証言をすれば、裏切られた方は有罪になり、裏切った側は情状酌量で無罪になります。両方ともに裏切り合いをすると、どちらも有罪になります。この場合、黙秘か証言かという行動を選べないのがジレンマと呼ばれるゆえんです（表2）。

囚人のジレンマへの1つの答えは、「はじめは協力するが、もし裏切られたら次回は裏切り返す」という「しっぺ返し戦略」が有効であると知られています。

要点BOX

- 対戦では相手は最善手を繰り出すことを前提に
- 勝つ手順はミニマックス原理で探す
- 囚人のジレンマには「しっぺ返し戦略」も有効

表1 相手がチョキを出せないジャンケンでの利得行列

自分の手	相手の手		自分の戦果の最小値	判定
	グー	パー		
グー	あいこ	自分負け	負け	最悪負ける
チョキ	自分負け	自分勝ち	負け	最悪負ける
パー	自分勝ち	あいこ	あいこ	最悪あいこ(ミニマックスである)

表2 囚人のジレンマの利得行列

囚人Aの行動	囚人Bの行動		Aの利得の最小値
	黙秘する	Aを売る証言をする	
黙秘する	ともに無罪	Aは有罪、Bは無罪	有罪
Bを売る証言をする	Aは無罪、Bは有罪	ともに有罪	有罪

しっぺ返し戦略

- 2人の囚人は常習犯であり、2回以上警察に捕まる場合で使える戦略である。
- 囚人Aは、1回目は「黙秘する」を選び、Bが裏切ったら次回では「Bを売る証言をする」を選んで報復すると宣言する。
- Bがこれを信用すると、黙秘を選ぶことが「最悪無罪」となり、証言することが「最悪有罪」となると予想が立つ。よってBは高い利得を得られる黙秘を選ぶようになる。

16 画素情報から画像認識への初歩

物の数よりオイラー数の方が簡単という不思議

人工知能に写真を見せて、「何が写っているか」という問題に答えさせるという目標は、人工知能の黎明期からありました。

昔の研究を追体験するために、カラー画像はおろか、グレースケールもない、各画素が白か黒かだけの画像データを題材にして考えてみましょう。

今、**図1**のような画像があったとします。黒い物体が3個写っています。まずは、「物体の個数イコール3個」と答えるパーセプトロンの人工知能プログラムを作りたいと思います。

パーセプトロンとは、画素の白黒の値を組み合わせて、画像の全体的な特徴を判定するプログラムです。ただし、組み合わせは膨大なパターンがあるので、そのすべてを試すわけにはいきません。そこで、「第一段階として、タテ2×ヨコ2の4画素の枠内で値を考える」というしばりを設計に入れることにします。

例えば、「第一段階として、**図2**にあるAとBのパターンが図1の中に何個あるか数え、第二段階としてAの個数からBの個数を引く」という設計を考えます。このパーセプトロンは、オイラー数（物体の個数から穴の個数を引いた値）を算出することが知られています。例えば、図1では答えはA－B＝3－1＝2で、確かに（物体3個）－（穴1個）＝2に合っています。**図3**の画像パターンでも、ちゃんとオイラー数を算出しますから、試してみてください。

では、第一段階で2×2の枠をもったパーセプトロンは、オイラー数ではなくて、物体の個数が答えられるかといえば、ノーです。図3のように、2マス以上離れた構造に違いがある場合は、それを見抜くことはできません。これができないと、どの部分とどの部分が同じ物体であるか認識できないのです。

人間には、物体の個数よりオイラー数の方が難しい概念と思えますが、人工知能にとっては逆というミステリーがあるです。

要点BOX

- 黎明期はパーセプトロンで画像認識を目指した
- パーセプトロンの限界が明らかになった
- オイラー数なら数えられるという謎が見つかった

図1 物体が3個あり、穴が1個ある

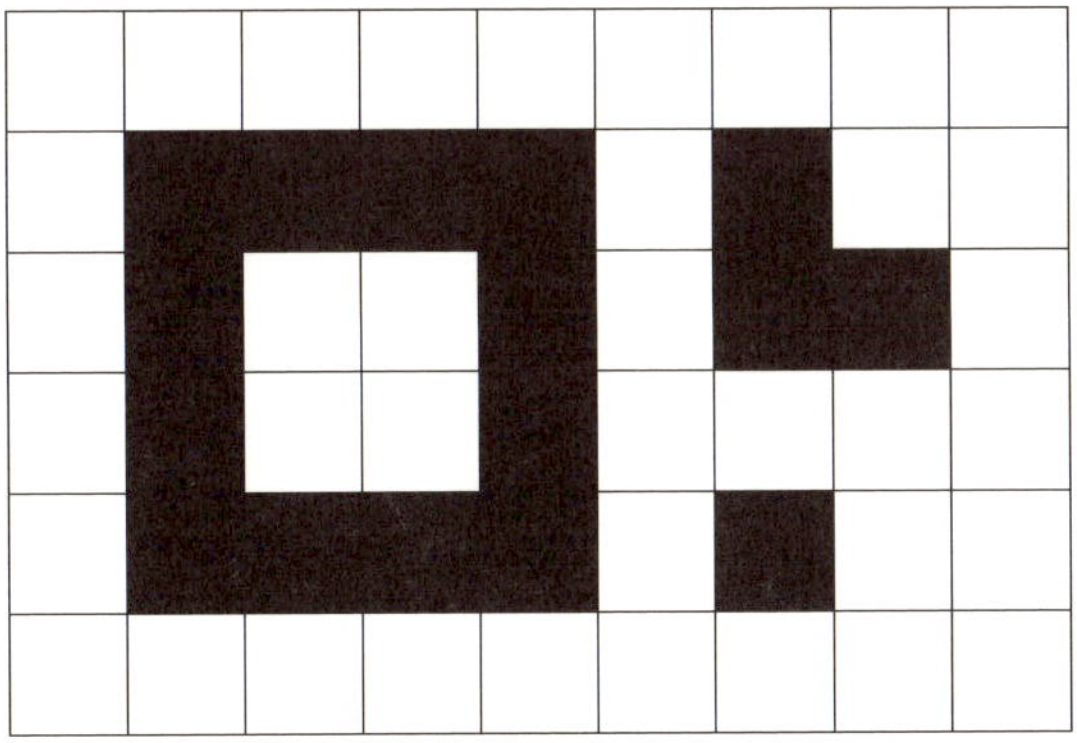

※罫線は画素と画素の区切りを表している（図2、3も同様）。

図2 パーセプトロンが第一段階で探す画素パターン

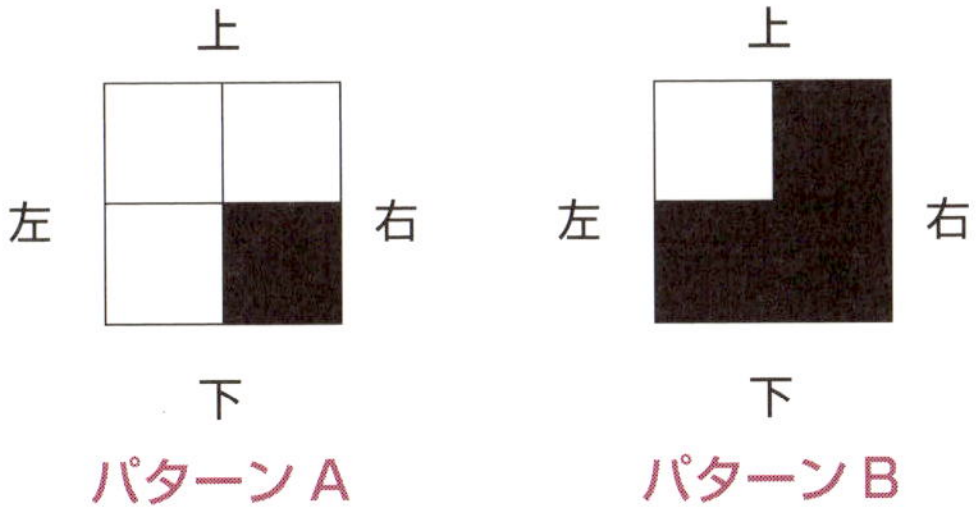

図3 物体が1個の図形と、2個の図形

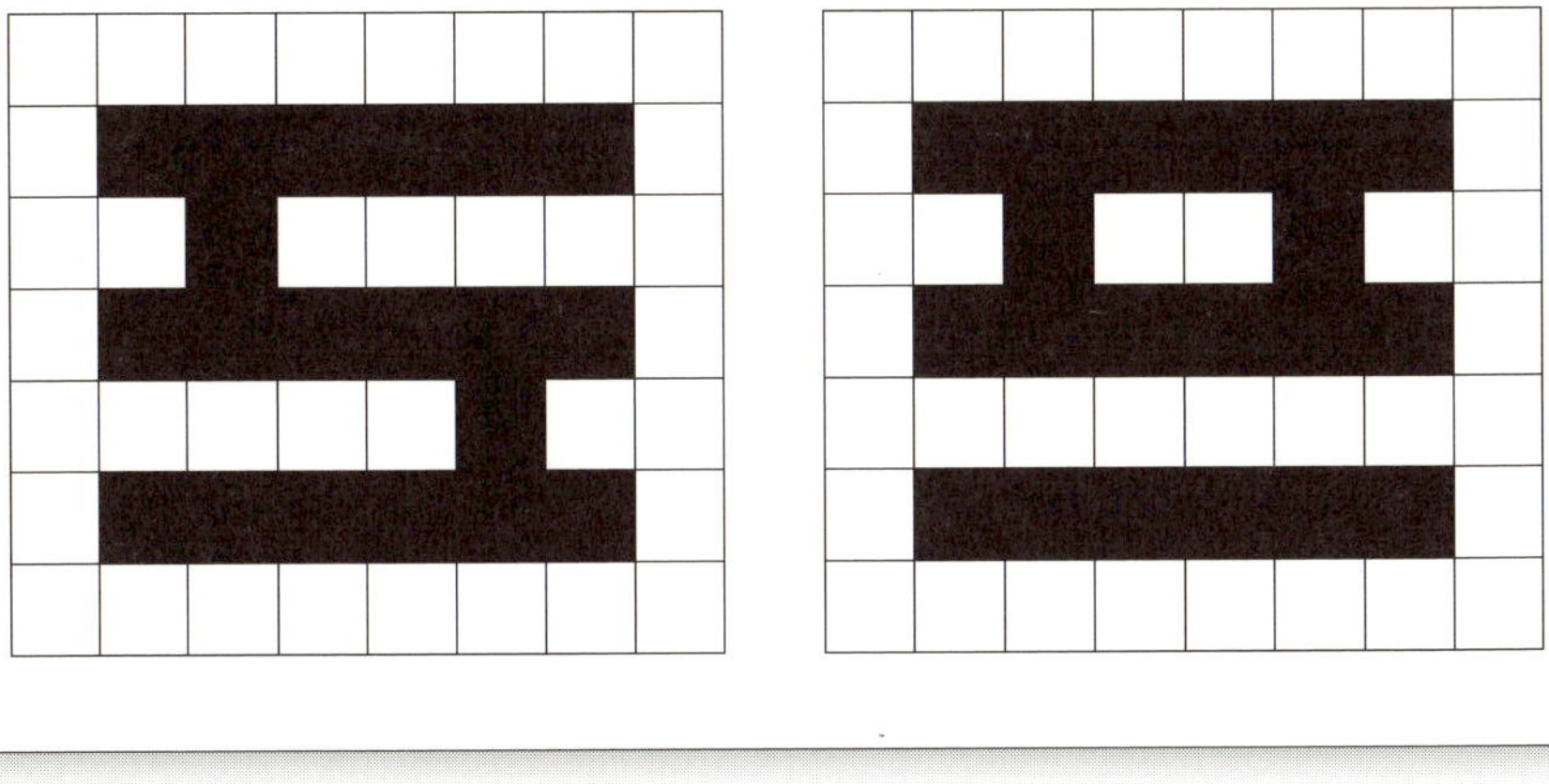

17 過学習の罠

誤差が少ないモデルがよいとは限らない

最近、人工知能のソフトウェアの間違った使い方が目に付きます。多くの人工知能のソフトウェアはオープン化され、簡単に試せるパッケージになっていますから、初心者でもなんとなく機械学習をできてしまいます。しかし、その学習結果を見ると、実は全然ダメという場合が多いのです。

例えば、「あ」と「い」の字の画像を見分ける機械学習をすることを考えてみましょう。自分の筆跡で、「あ」と「い」のサンプルを作って学習の手本とします。学習用のモデルに複雑なものを使えば、誤差がほぼゼロになるまで識別するようになるでしょう。しかし、このような学習結果は往々にして、他人の筆跡の「あ」を正しく識別できないという欠陥をもちます。特定の入力データだけを過剰に重視して、他人の筆跡の「あ」は「あ」ではないと思ってしまうのです。

学習結果はある程度は誤差をもっている方が健全です。図1のように体重と身長の関係を直線近似すると、観測データは近似式から少しズレてしまいますが、まずまずの予測が利きます。無理に全部の観測データを近似式に当てはめようとすると図2のようになり、体重70kg辺りの予測値は非現実的な結果となります。これが過学習です。

学習モデルが大きすぎると過学習が起きやすくなります。どのくらいのモデルの複雑さが妥当であるかを決めることは難しい問題です。目安として、情報量基準という評価尺度はあります。しかし、個人の筆跡に依存せずに「あ」を識別して欲しいのか、特定の人の筆跡の「あ」だけを識別して欲しいのか、要望によってモデルの複雑さの最適値も変わります。

単に人工知能の技法を知っているとか、プログラムが扱えるという段階では、「誤差なし」の魅力にだまされて、過学習の罠にはまってしまいます。題材に応じて、誤差と過学習を見極める能力をもったデータサイエンティストの人材が求められています。

要点BOX

- ●手本だけに過剰に適応してしまう過学習の問題
- ●適切なモデルの大きさを評価する情報量基準
- ●過学習を見極める人材がますます必要に

図1 1次関数で直線に近似をしたよい例

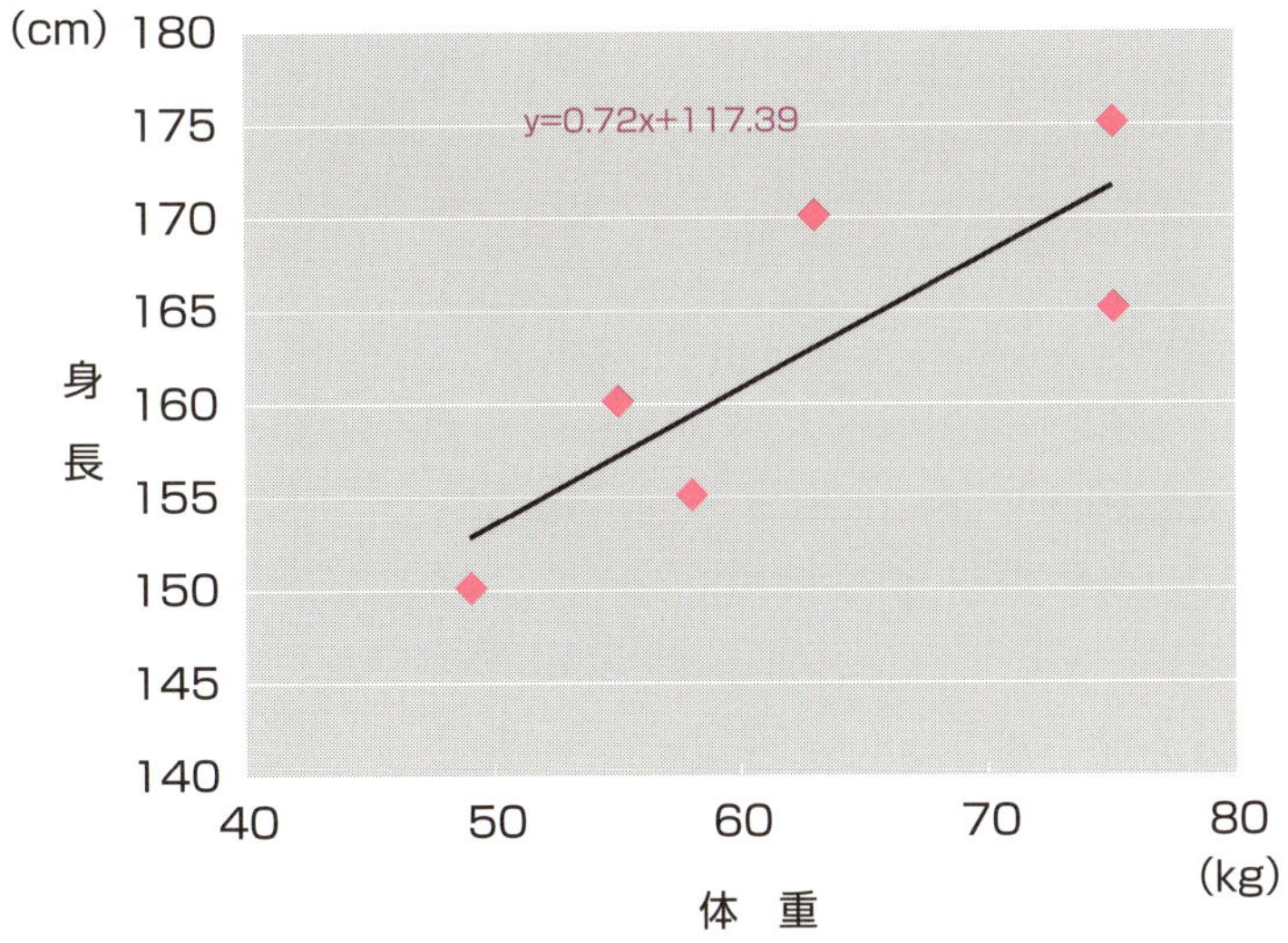

図2 図1を過学習させた例

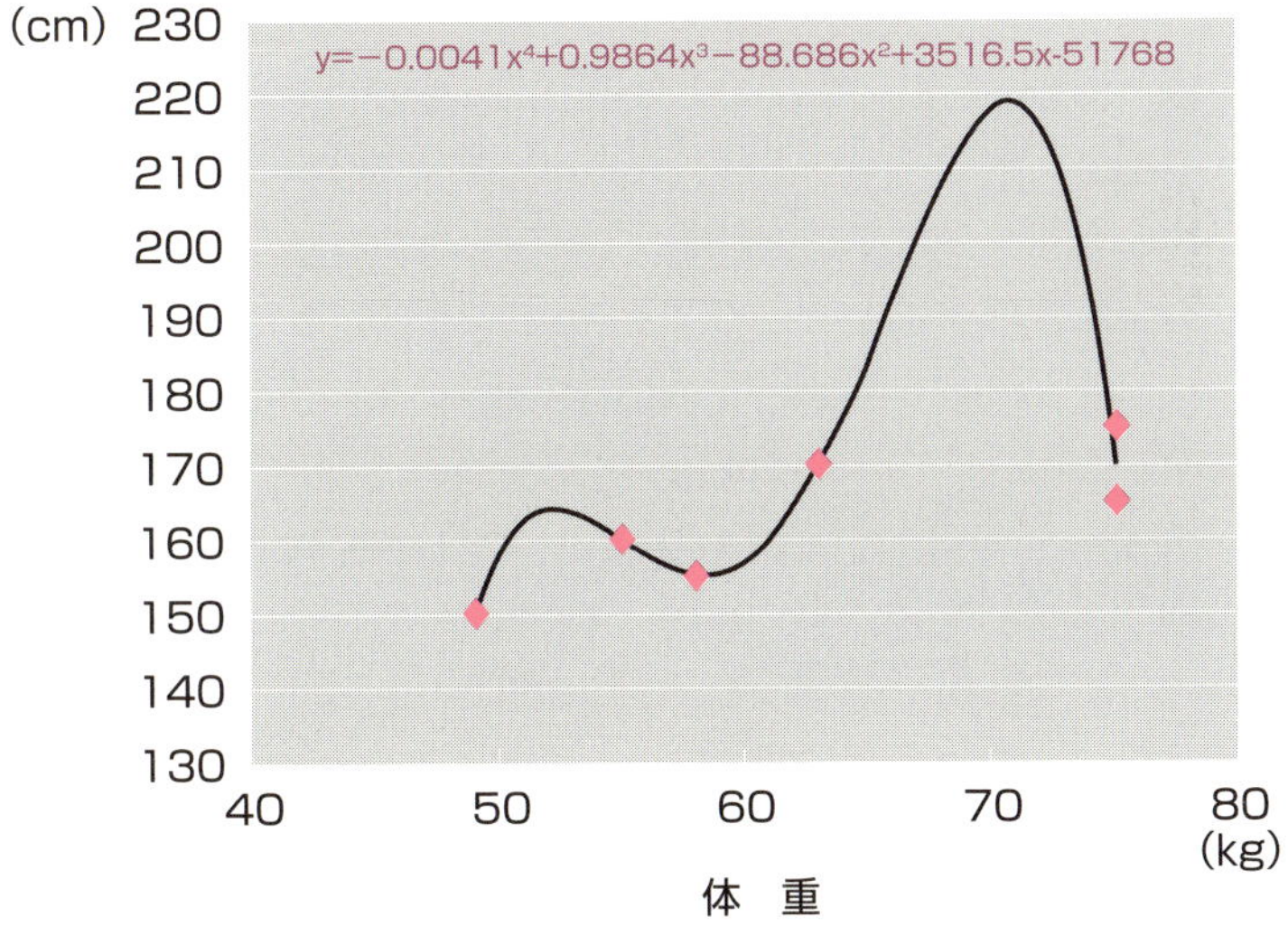

無理に全部の点を通ろうとすると、近似式が暴れてしまう。体重70kg辺りの身長の予測が200cmを越えてしまい、失敗であることがわかる。

Column 2

人工知能学の俯瞰図

「人工知能学」という言葉を使っていますが、経済学や機械工学といったように、人工知能研究に関するある特定の領域が存在するというわけではありません。図を見ての通り、様々な学問領域や産業分野をまたにかけた横断的なものです。

一方で人工知能学とは、私たち人間がどのように物事を認識し、考え、処理しているのかというテーマの研究である、と言うこともできます。そこに、情報処理技術やビッグデータといった分野の目覚ましい発展や社会的ニーズが合わさり、現代の人工知能技術の発展があります。

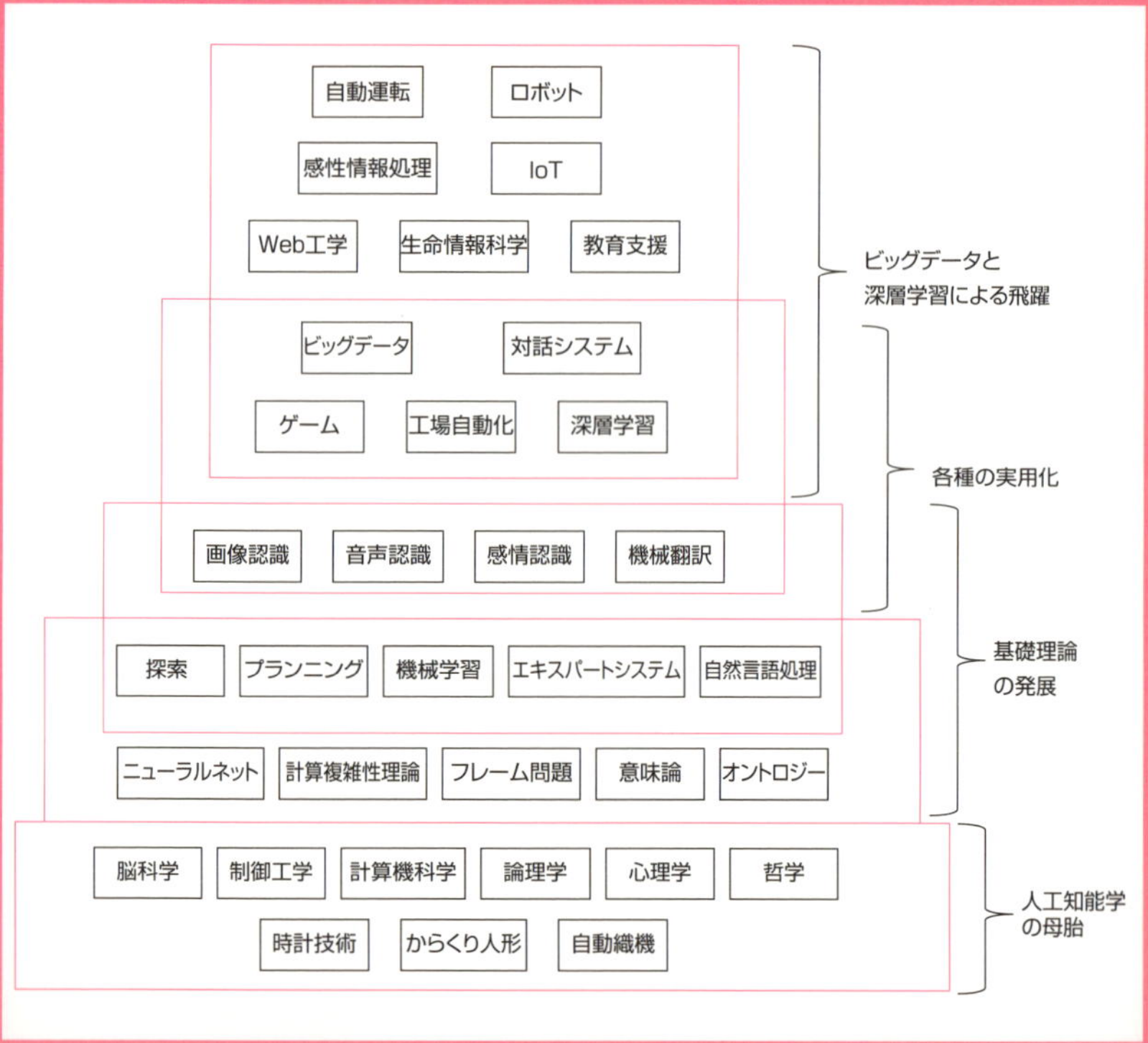

第3章

人工知能を支える基礎技術

18 機械学習の3つの方式

試行錯誤を繰り返すことで、解法を見つける人工知能

機械学習とは、コンピュータに試行錯誤を繰り返させ、アルゴリズムを自動で調整させ、正しい結果が出せるように徐々に近づけていくことを言います。その方式は大きく分けて、教師有り学習、強化学習、教師無し学習の3つです。

教師有り学習とは、入力に対して正解となる出力を教えてもらえる形式です。「お団子1個は10円かな?」「いや、30円だよ」「お団子2個は80円かな?」「いや、60円だよ」「お団子3個は90円かな?」「当たり。学べたね」という具合に学習を進めます。不正解を反省して、アリゴリズムを調節しているのです。

強化学習では、正解そのものは教えてもらえませんが、よいか悪いかの評価の点数だけは教えてもらえます。例えば、ホームランを打つロボットを作ることを考えます。ロボットは、自分が球を打った結果がホームランか否かは知らされます。しかし、どうバットを振ればよかったのかは教えてもらえません。しかし、試行錯誤を繰り返していけば、いつかは正しいバットの振り方を知ることができるでしょう。

教師無し学習は、正解は何かも、成功か失敗からも教えてもらえません。では何を学習するかというと、入力を効率よく把握することができる「目の付け所」です。

例えば、手書きの文字の画像が大量にあるとします。手書きですから、ひとつとして形が完全に同じ文字はありません。しかし、Aさんが書いた「あ」も、Bさんが書いた「あ」も、同じ「あ」の文字として、人工知能には認識して欲しいのです。また、Aさんが書いた「あ」とAさんが書いた「い」は、違うものとして識別すべきです。似たもの同士を同じカテゴリーに分類（クラスタリング）するという作業は教師無しでもできます。

この3つの学習方式をうまく組み合わせることで、人工知能は様々な課題を解くことができます。

要点BOX

- ●アルゴリズムを自己調整する機械学習
- ●教師有り学習、強化学習、教師無し学習の3つ
- ●教師無しでも、分類は学べる

機械学習の3つの分類

種類	内容	代表的な用途
教師有り学習	入力に対して何を出力すべきだったか、その正解を教えてもらえる。 教師の信号に基づいて、アルゴリズムを調節し、未経験の入力に対しても正解を答えられるようにする。	教師と同じように、出力するアルゴリズムの制作。
強化学習	評価の点数だけを教えてもらえるが、どう行動すべきだったかは、人工知能が自分で考える。 行動の試行錯誤によって、正解を見つけていく。	ロボットの行動計画の自動作成。
教師無し学習	似た入力同士が同じグループになるように、分類（クラスタリング）する。 成功や失敗という概念はない。	分類によって、重要ではない差違を打ち消し、高次元で複雑な入力データを、扱いやすくする。 他の学習の前の下ごしらえとしても使われる。

ケン玉ロボットでの例

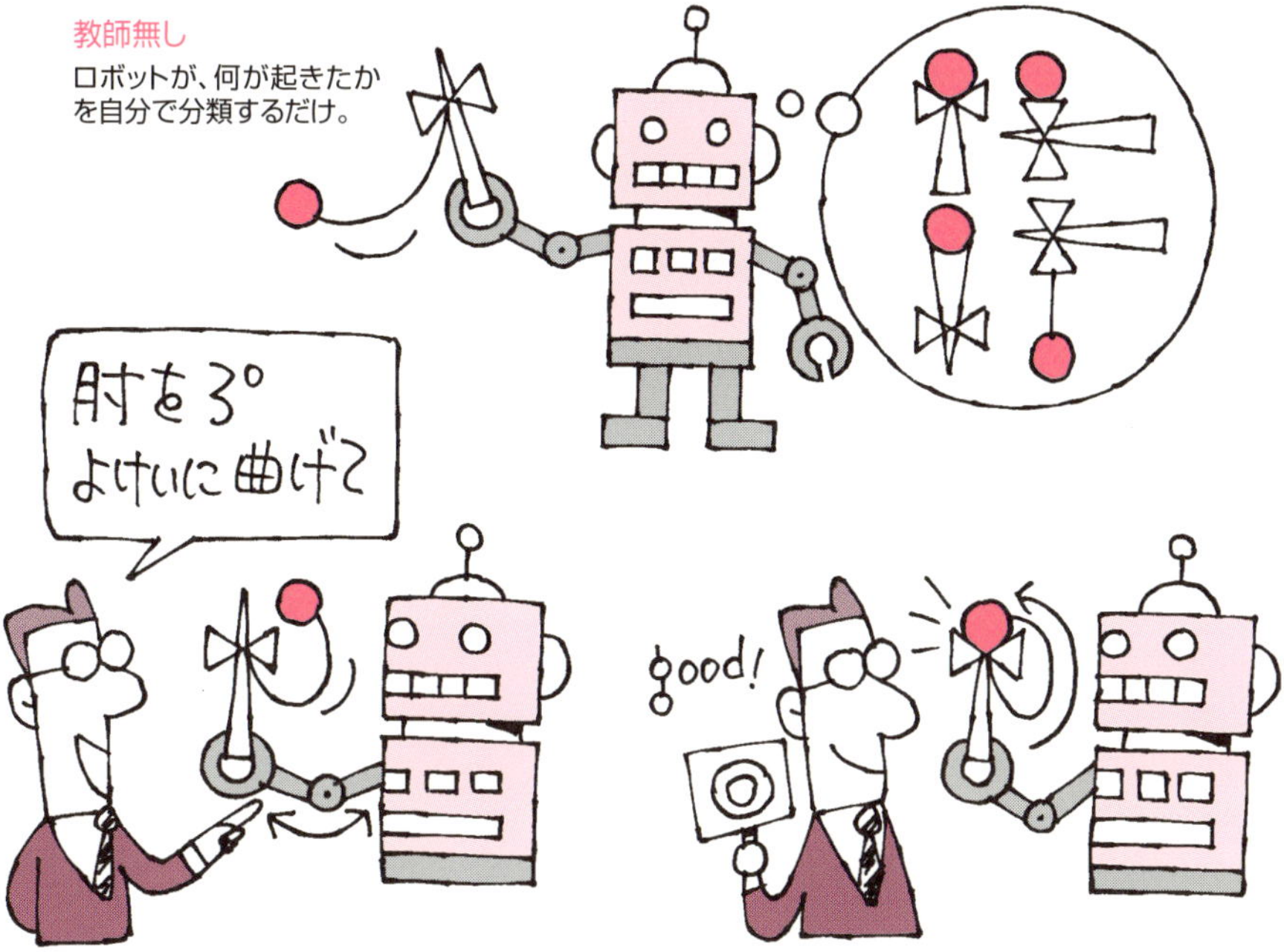

教師無し
ロボットが、何が起きたかを自分で分類するだけ。

教師有り
腕の動きを全部計って、直される。

強化学習
成功か失敗かしか教えてもらえない。

19 教師無し学習「クラスタリング」という知能

知能の第一歩は分類から

教師無し学習とは、沢山の入力を見て、似ているもの同士が同じグループになるように分類（クラスタリング）できるように、人工知能がアルゴリズムを自動で調節していくことを言います。

正解と不正解という結果を人工知能は教えてもらわないので、他の機械学習とは違っています。

正解が分からないようでは、無用な分類という感じもしますが、実用上は大いに威力を発揮します。似ているものをまとめるという行為は、どこに注目すれば物事をうまく識別できるかという要点を探すことと言えます。生データが高次元であっても、注目すべきデータの特徴点が絞り込めれば扱いが楽になるからです。

教師無し学習の最も代表的な手法はk平均法です。その例を見てみましょう。お題は、「複数の数字からなるデータがN個ある。これらを似たもの同士が同じグループに属するように、k個のグループに分類せよ」です。

k平均法のアルゴリズムは次の通りです（図1）。

手順1：Aのようにk個のグループの中心点の初期位置をそれぞれ適当に定める。

手順2：Bのように、各入力データについて、各グループの中心点のうちどれが近いかを調べる。仮にグループiの中心点が一番近ければ、この入力データはグループiに所属させることにする。

手順3：Cのように各グループに属する入力データの平均ベクトルを計算し、これを中心点の位置ベクトルとして更新する。

手順4：手順3での中心点の移動が大きければ、まだ学習が未成熟として手順2に戻る。

手順5：各入力データがどのグループに属するかと、各グループの中心点の値を報告して、終了。

なお、**手順1**の初期位置によって結果が変わるなどの欠点があり、より高度な手法もよく使われます。

要点BOX

- 似たものを同じカテゴリーに分ける知能
- 正解・不正解だけが学習ではない
- 最も代表的な手法はk平均法

図1 k平均法のアルゴリズムの例

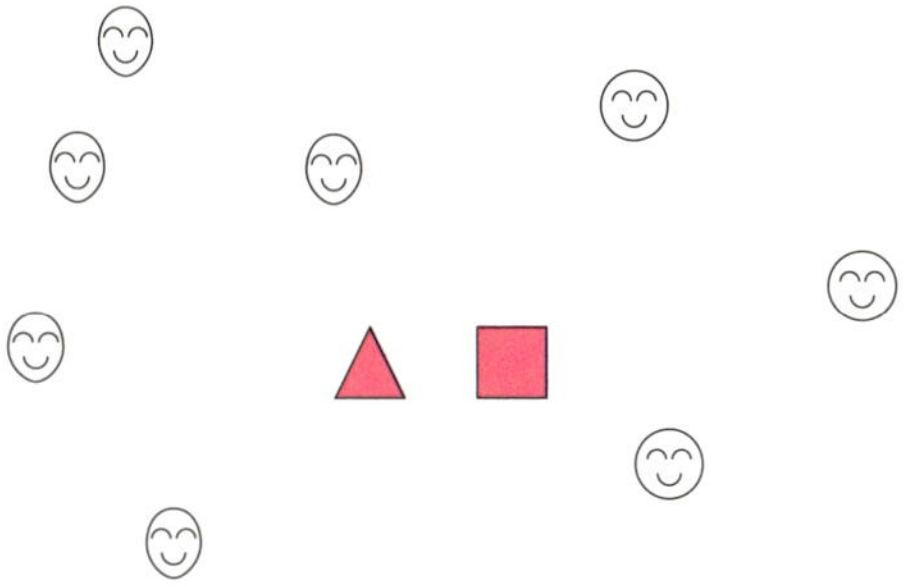

A：黒丸で表されるデータの集団を2グループ（△組と□組）に分類したい。

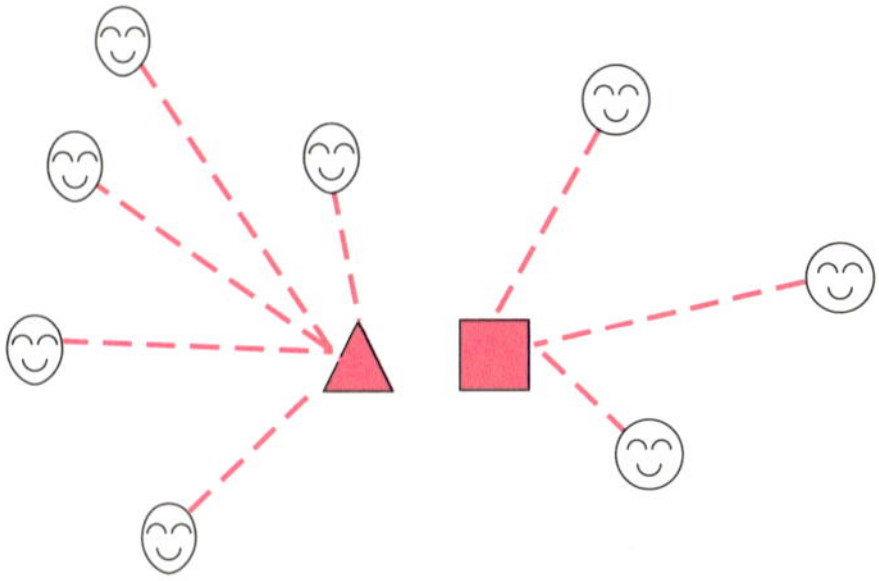

B：各データは、自分に一番近いグループ中心点を探し、そのグループに属することにする。

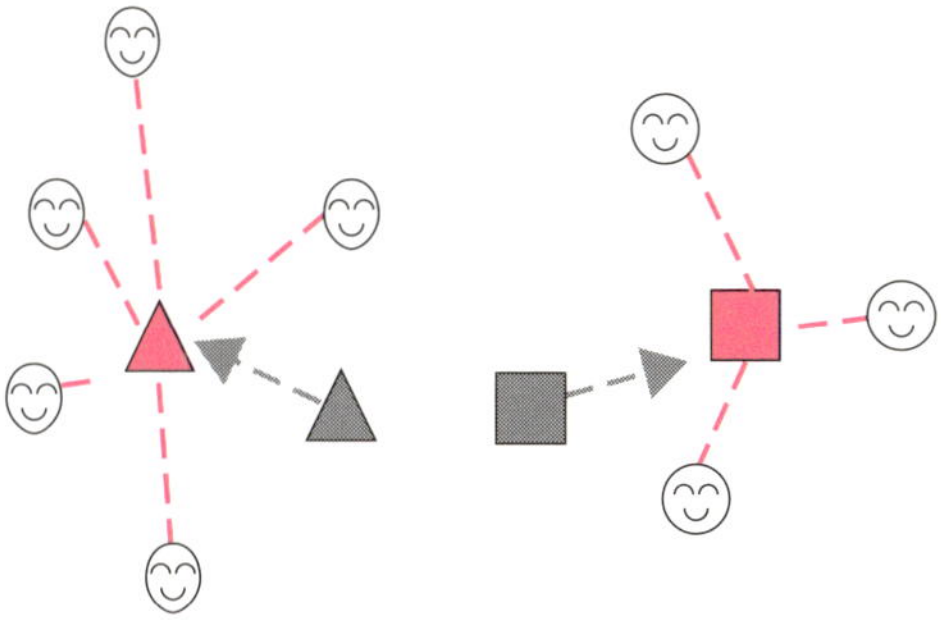

C：グループの中心点を、グループの平均値に移動させる。

20 人工知能用のプログラム言語

制御の指令から、知識の指示を書く言語へ

プログラム言語とは、コンピュータに計算手順を指定したり、データを与える際に使われる、指示の書き方の規則を言います。

用途を限定しない汎用的なプログラム言語が、当然ながら世の中で一番使われていて、人工知能の用途でも同様です。その代表として、C言語やPythonなどがあります。これらは、「Xに3を代入。そしてXを5乗してYに代入」というように、データや計算手順を混在させながらアルゴリズムを書いていきます。つまり「まず何をどうして、次に何をするか」という計算実行のレシピとして記述するのです。

一方で、人工知能にとくに適している言語や人工知能の題材に専門化した言語が考案され、汎用的な言語と好対照をなしてきました。

LISP（リスプ）という言語は、1958年にマッカーシーによって開発された古い言語ですが、いまだに現役で使われています。LISPは汎用的な言語とも言えるのですが、人工知能向きの言語と目されています。かつては、人工知能の教科書で「読者はLISPの知識をもっていることを前提とする」と断るものすらあったほどです。LISPの特徴は、データも計算手順も、「リスト形式」と呼ぶデータが数珠つなぎにつながった形式で取り扱うことにあります。平易に言えば、情報の置き場所が前後や上下という相対的位置関係で把握されます。こうした情報の取り扱いは人工知能の問題でもしばしば必要となるので、LISPが適していたのです。

70年代には、論理の処理に特化した言語が登場します。72年にカルメラウアーらによって開発されたProlog（プロログ）はその代表です。論理命題のデータだけを記載するだけで、解決手順を書かずともパズルが解けるという優れものです。しかし、現実世界の問題はしばしば論理パズルとは違うために、プロログは使いづらく、今の人気は下火です。

要点BOX

- ●人工知能向きの形式に限定したLISP言語
- ●制御と論理を分離させたProlog言語
- ●しかし専用言語より汎用言語がいまだに強い

LISPのプログラム例

(setq tree'((Taro.Jiro).(Hanako.Yoko)))

この1行を実行すると、下記の木構造をもったデータがコンピュータ内に作成される。

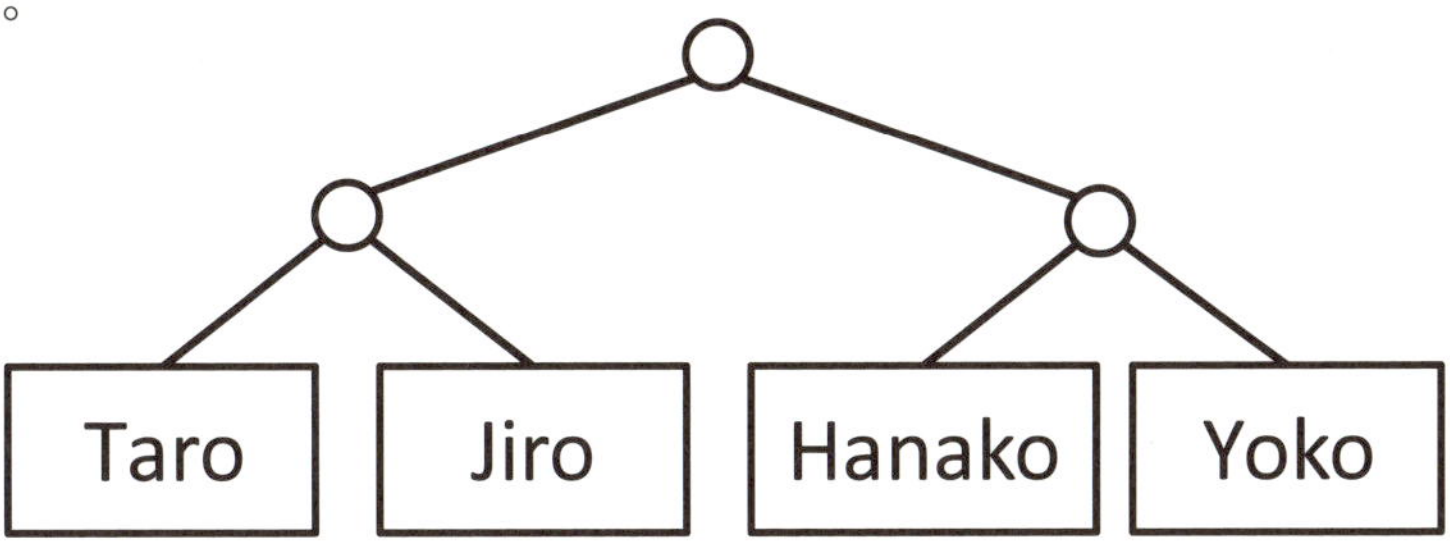

Prologのプログラム例

blood(taro).	「太郎に血が付いていた」
blood(jiro).	「次郎に血が付いていた」
met(saburo,taro).	「三郎は太郎に会った」
place(X,room):-met(saburo,X).	「三郎に会った人物ならば、その居場所は部屋である」
hannin(X) :-place(X,room),blood(X).	「部屋にいて、かつ、血が付いていた人物が犯人である」

※右の「　」内は各行の意味。

Prologシステムへの質問とその応答の例

?-met(X,taro).	「太郎に会った人物は誰か？」
X=saburo.	「三郎である」
?-ibasho(X,Y).	「人物と居場所の情報は何があるか？」
X=taro,	「太郎が」
Y=room.	「部屋に」
?-hannin(X).	「犯人は誰か？」
X=taro.	「太郎である」

※右の「　」内は各行の意味。

21 ベイジアンネットが広げた推論の世界

確実ではない因果関係や相関関係を扱う技術

エキスパートシステムは、人工知能の応用として、1つの完成形でしたが、壁に突き当たります。エキスパートシステムで対処できない事例が多いのです。「青酸カリを飲めば死ぬ」という、ほぼ100%そうなるという因果関係だけならエキスパートシステムでよいのですが、一般には確率はそれほど高くありません。「夕焼けがきれいだと明日は晴れる」というモデルは、成立しがちであるとはいえ、例外もあります。

例外がありうる因果関係（さらに弱いものは相関関係）をエキスパートシステムで取り扱うことは困難でした。一番やっかいなのは、考えに入れねばならないことが増えすぎて議論が発散するということです。「解熱剤を飲み、体温が下がり、ゆっくり休めば、風邪は治る」という因果関係を考えてみましょう。3つの前提条件の事象と、1つの結果の事象から成り立ったモデルです。

このモデルが成り立つ確率を見積もるには、全4つの事象が織りなす、2の4乗＝16通りの場合について調べる必要があります。もしかしたら、休まなくても風邪が治るかもしれないので、そんな事例がないか、逐一確かめるのが筋です。実験したり、統計データを集めたりせねばなりません。これでは手間がかかってしょうがありません。

そこで、ベイジアンネットという因果関係の確率的ネットワークを、最初は人間が作ります。常識の力を作って、いかにも因果関係がありそうなものだけを選んでコンパクトなネットワークを作るのです。

人工知能は、この手本を元に少しずつ改変したネットワークを作ります。もし改変したものの方が実測データによく当てはまるのであれば、そのネットワークを採用します。このような微少な改変を繰り返して、実測データにうまく適合する因果関係グラフを作ることを「山登り法」と呼びます。

要点BOX
- ●エキスパートシステムの行き詰まり
- ●因果関係の候補をあえて絞る
- ●最適なネットワークを山登り法で自動発見する

ベイジアンネットを使わなかったら

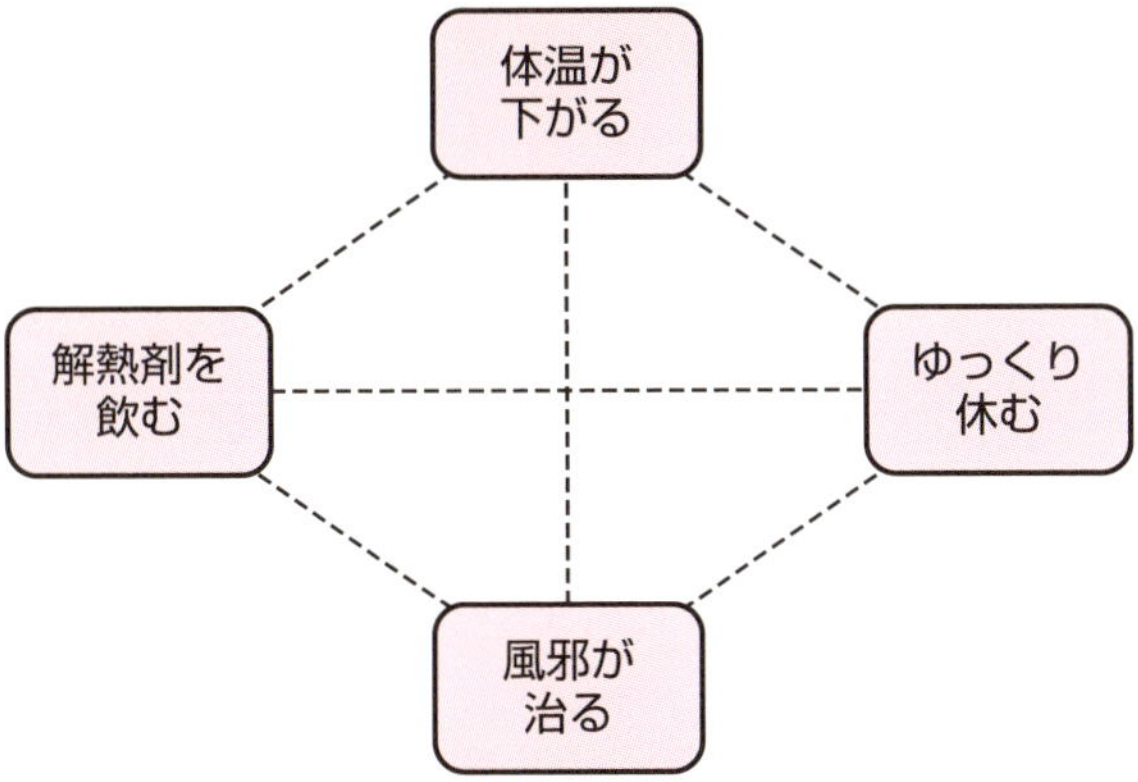

４つの事象の相関関係を、工夫せずに漫然と観察すると、効率が悪く真の関係を発見しにくい。

ベイジアンネットの例

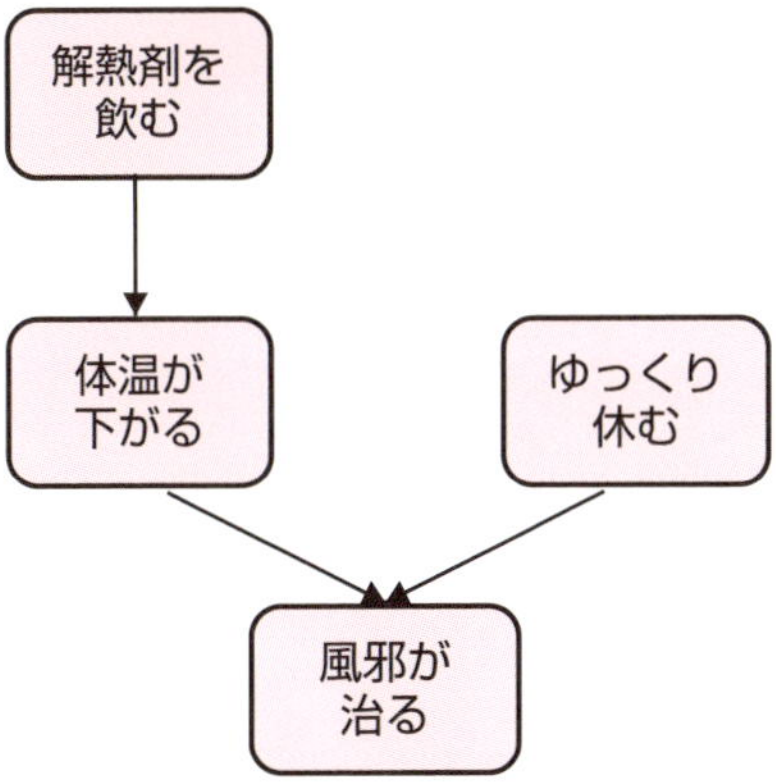

常識から考えて、直接的に因果関係が期待できるものを矢印で結んだ。こうすると、モデルの実測データへの適合の検証が楽になる。

ベイジアンネットの2つの代表的な使い方

【診断的推論】結果から原因を推定する
例）「解熱剤を飲んだのに、風邪が治らなかったのはなぜか？」→「休まなかったから」 ※ベイジアンネットのおかげで、話題となっている「解熱剤」や「治癒」とは違う箇所から理由を見つけてくる効果がある。
【因果的推論】原因から結果を予測する
例）「夏の日に、中年男性客が枝豆を買ったら、他に何を買うか？」→「缶ビール」 ※実測データを元に詳細なベイジアンネットを作れれば、込み入った前提条件でも予測は正確になる。

22 類似度を可視化する樹形図

Fitch-Margoliash のアルゴリズム

2つのデータを比較して、その類似度（逆に言えば相違度）を評価する方法は、ＤＰマッチングをはじめ多くあります。

その結果は、距離行列という形で得られますが、それでは数字の羅列であり意味が掴みにくいのです。とくに、遺伝子配列のＤＰマッチングは進化の過程を反映しているのですから、その様子を進化の系統樹の形で表して欲しいものです。

Fitch-Margoliash のアルゴリズムは、系統樹を描くための方法の代表例です。これは、サンプル同士の相違度を、枝をたどっていく時にかかる距離に対応させる図の作成法です。

例えば、今、3つのサンプルA、B、Cがあって、それぞれ相違度が計られているとしましょう。これを図解するには、3本の枝からなる樹構造を使います。AとBとの相違度を、AからBへ枝伝いに行く距離に反映させればよいわけです。この計算はサンプル数が3なら実行可能です（図1）。

サンプルが4個以上の場合は、無理矢理3個になるように、ちょっと工夫せねばなりません。最も距離が近いペアを選び、それ以外のサンプルは全部ひとまとめにして平均化するという方法で、サンプル数を3にします。そしてこの計算が終わったら、距離が一番近いペアを今後は1つのサンプルと見なして、残りの枝の計算に移ります。

系統樹は、生物学データ以外にもしばしば使われます。ネット上の文書や写真のデータ、あるいは人間の行動といった様々なデータです。それらは、互いに似ていたり、時間と共に進化したりして、遺伝子配列データの振る舞いに通じる部分があります。

大量にあるデータを理解するには、まず分類することが基本ですが、その進化の変遷を捉えられれば、理解が深まります。祖先はどれか、いつどこでどう枝分かれしていったかを系統樹で観察するのです。

要点BOX

- 違いの度合いを枝の長さに反映させた図を描く
- 進化の様子が系統樹の形で可視化される
- 多様性や系統性のあるデータの整理と分析

図1 3つのサンプルの相違度を枝の長さで反映させる

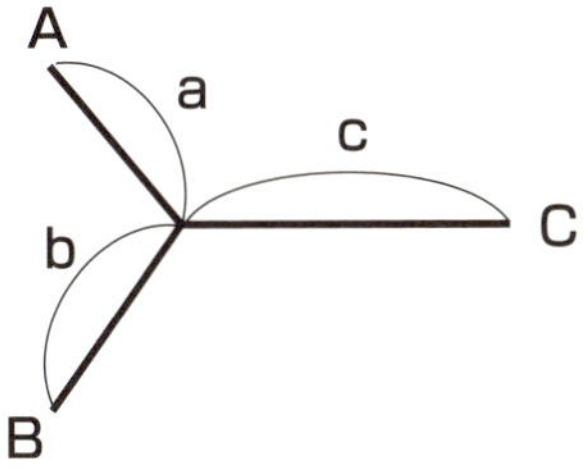

【問題】A～Dの4つのサンプルの相違度が次の表である時、系統木で表せ。

	B	C	D
A	6	8	9
B	—	10	9
C	—	—	8

手順1　一番距離が近いAとBのペアに注目する。AとBとそれ以外としてまとめる。

	B	CD平均
A	6	8.5
B	—	9.5

手順2　「CD平均」を1つのサンプルだと見なして、連立1次方程式を解いて、右図の枝の長さを決める。

a+b=6、a+t=8.5、b+t=9.5。

答えはa=2.5、b=3.5、t=6

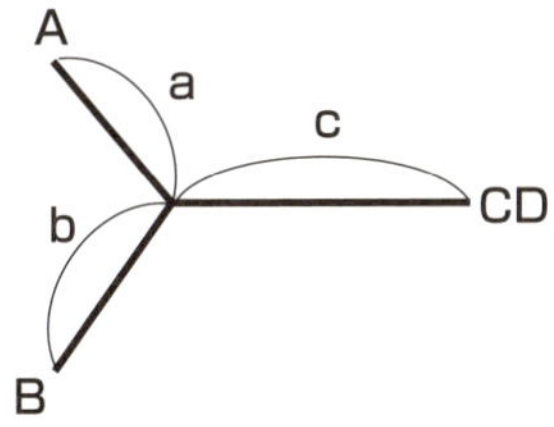

手順3　今度はAとBを「AB平均」という1つのサンプルにまとめ、これとCとDの3者で枝を考える。

	C	D
AB平均	9	9
C	—	8

手順4　以上の計算結果をまとめて系統樹を得る。

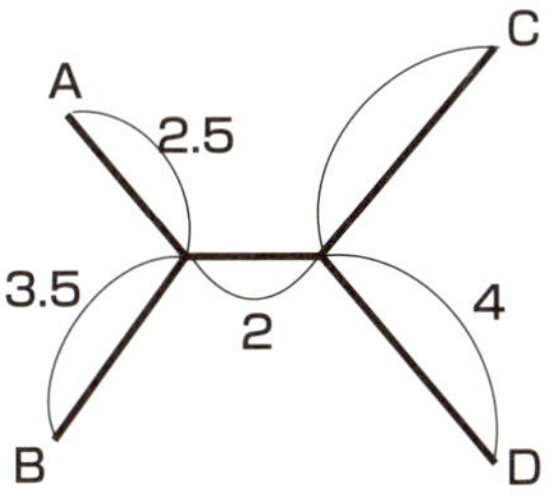

23 ネットワークの最重要要素を見つける中心性

つながりの中から構造を洗い出す

人工知能が扱うデータでは、要素同士がつながりをもったネットワークの形をしたものが多いものです。例えば、ＳＮＳのフォロー関係からわかる人脈や同時に購入されがちな商品の関係、ウェブページや論文などの参照関係は、複雑で巨大なネットワークを形成しています。

中心的な役割を帯びている度合いを「中心性」と呼びます。ネットワークで中心性が高い要素を見つけることは大変重要です。グーグルがネット検索で成功したのも、重要なページを見つけて推薦する技術が優れていたからです。

世の中のネットワークは、要素は平等ではなく、特別に強い中心性をもつ要素が存在する傾向があります。「6次の隔たり」と言われるように、全人類の中から任意の2人を選んでも、「知人の知人の知人…」と6人目まで広げれば2人をつなげることができると言います。6人が正確な値とは言い切れませんが、少ない仲介者数でたどり着けることは本当です。これは、「顔が広い人は、より顔が広い人の知り合いである」という事実から生じる効果です。

中心性の定義の仕方には色々あります。

最も基本的なものは「次数中心性」です。これは、隣接して直接つながっている要素の数の事です。人脈ネットワークで言えば直接の知人の数、ウェブネットワークで言えば参照されている数ということです（図1）。確かに一般論としては、他から数多く参照されているウェブページは質の高い重要な内容が書かれていると期待できます。

検索順位を上げたい人は、自分で無意味なページを多数作って、それらを相互に参照させることで、次数中心性を上げるという不正をするかもしれません。次数中心性は素朴なので計算は楽なのですが、信頼性に劣るという欠点があります。この欠点を避けるには他の定義を使います（表1）。

要点BOX

- ●ビッグデータはネットワーク状のデータが多い
- ●人脈、購買、参照関係には中心的な要素がある
- ●ネット検索でのページ推薦で大きな成果

図1 人脈ネットワークの例

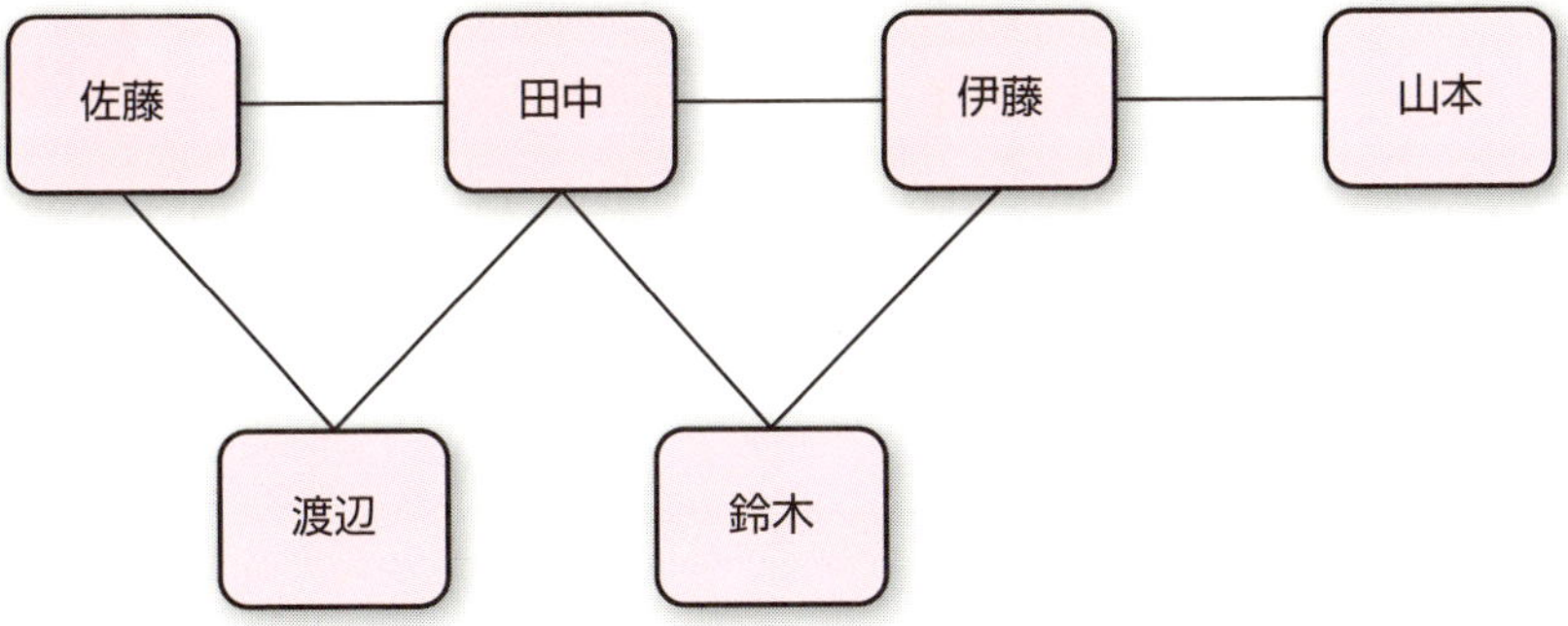

表1 様々な中心性の意義

固有ベクトル中心性
自分の直接の知人のVIPの度合いの合計を計算し、その結果を自分自身のVIPの度合いとする。この作業を何回か繰り返して安定させた値（実際には行列の固有ベクトルを計算するので、繰り返し計算なしに一発で解ける）。 重要度の高い友人をたくさんもっている人が重要であるという考え。 図1の例で計算すると田中さんが0.55で1位、鈴木さんが0.46で2位である。
近接中心性
自分以外の要素に最短でたどり着くまでに要する歩数の平均値の逆数。どこにでも行きやすいポジションにある要素である。 図1の例では田中さんは、山本さん以外なら1歩以内でいける好位置にあるため、1位である。
媒介中心性
2つの要素をつなぐ経路のうち、この要素を途中で通らなければならない経路の割合。つまり、この要素がネットワークから抜けると、残された要素同士のつながりはかなり悪くなる。 図1の例では田中さんが1位である。

24 サポートベクターマシン

近年注目を集めるデータ分類技法

人工知能の世界で、しばしば耳にするのが「サポートベクターマシン」です。これはデータの判別に使われる技法ですが、今注目を集めています。

例えば、イヌ（△）とネコ（○）の体長と体重を計ったところ、**図1**のようになったとします。

この結果から、イヌとネコを見分ける基準を見つけたいのですが、どうすればよいでしょうか。

昔ながらの手法はこうです。まず、イヌの全データの平均値を算出します。そうすることで、イヌの体格とはこういうものなのだと理解できるわけです。

イヌかネコかを判別する基準は、互いの平均値との近さを比較すればよいというわけです。イヌの平均値に近い動物はイヌであろうし、ネコの平均値に近ければネコと判定するのです。

平均値を計算させるプログラムはかなり単純に書けるので、平均値が使われやすいという事情もあります。

一方で境界線を決めるために、境界線から遠く離れたデータまで気にすることは無駄という考え方もあります。その代表がサポートベクターマシンです。

サポートベクターマシンは境界線を決めるにあたり、**図2**のように、境界線に隣接するデータしか参考にしません。そして、境界線が、なるべくどちらのグループからも離れて（この間隔を「マージン」と言います）、両者の中間になるように計算するのです。平均値との距離ではなく、境界線がもつマージンの大きさに関心があるという点が大きな特徴です。

サポートベクターマシンは、1970年代から提案されてきましたが、その後改良を重ね、2000年代以降、人工知能の要素技術として取り入れられる事例が増えています。人工知能が扱う複雑な題材では、グループの平均値よりも、境界線周辺の微妙な事例を重視する方が有利なことがあるのです。

要点BOX

- 境界付近のデータだけを観察して境界を引く
- 境界の引き方が優れている
- 古くから存在しているが2000年代から大流行

図1 古典的な方法

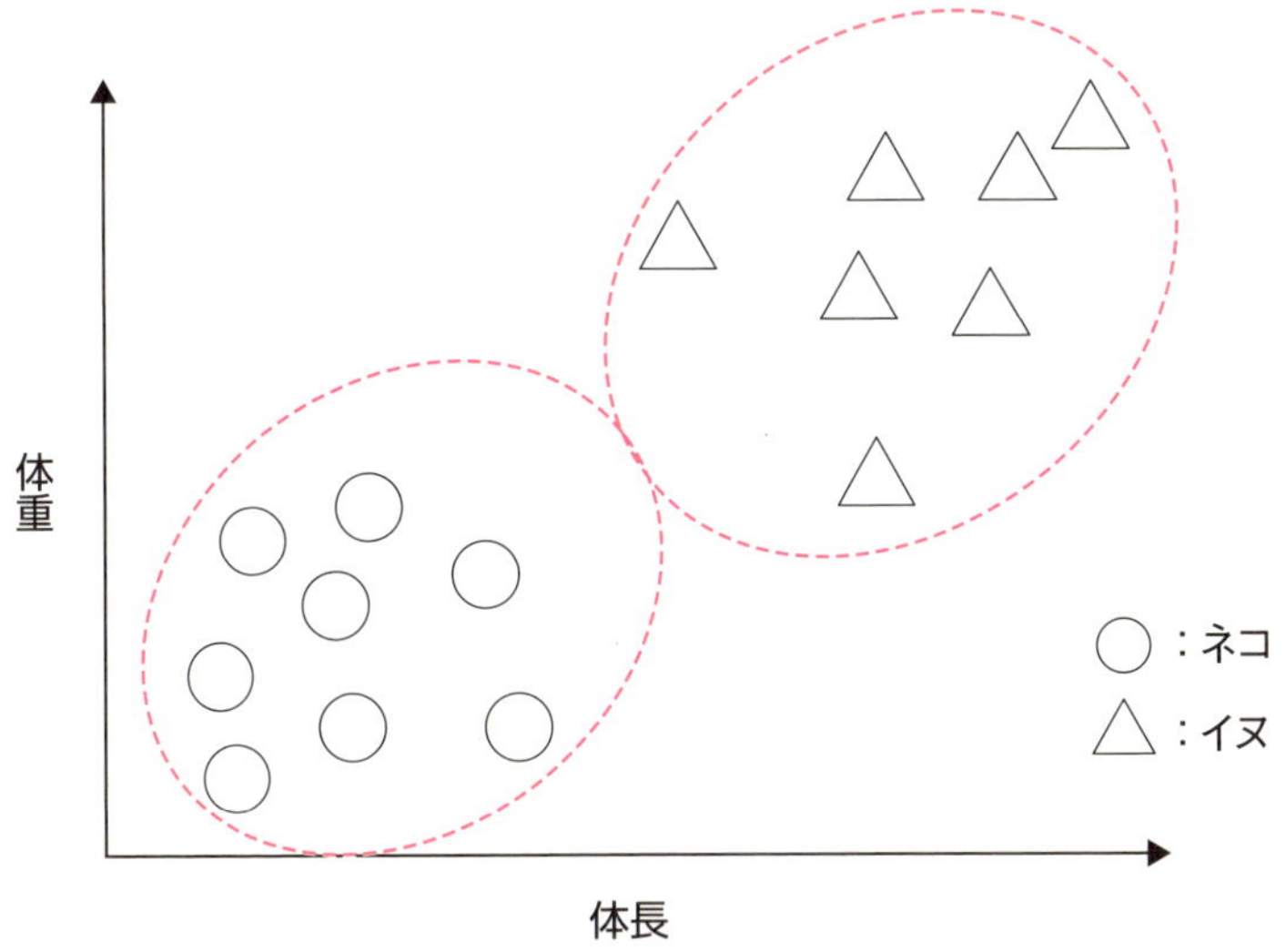

各グループのすべてのデータを観察して、その中心への近さで境界を決める。

図2 サポートベクターマシンでは…

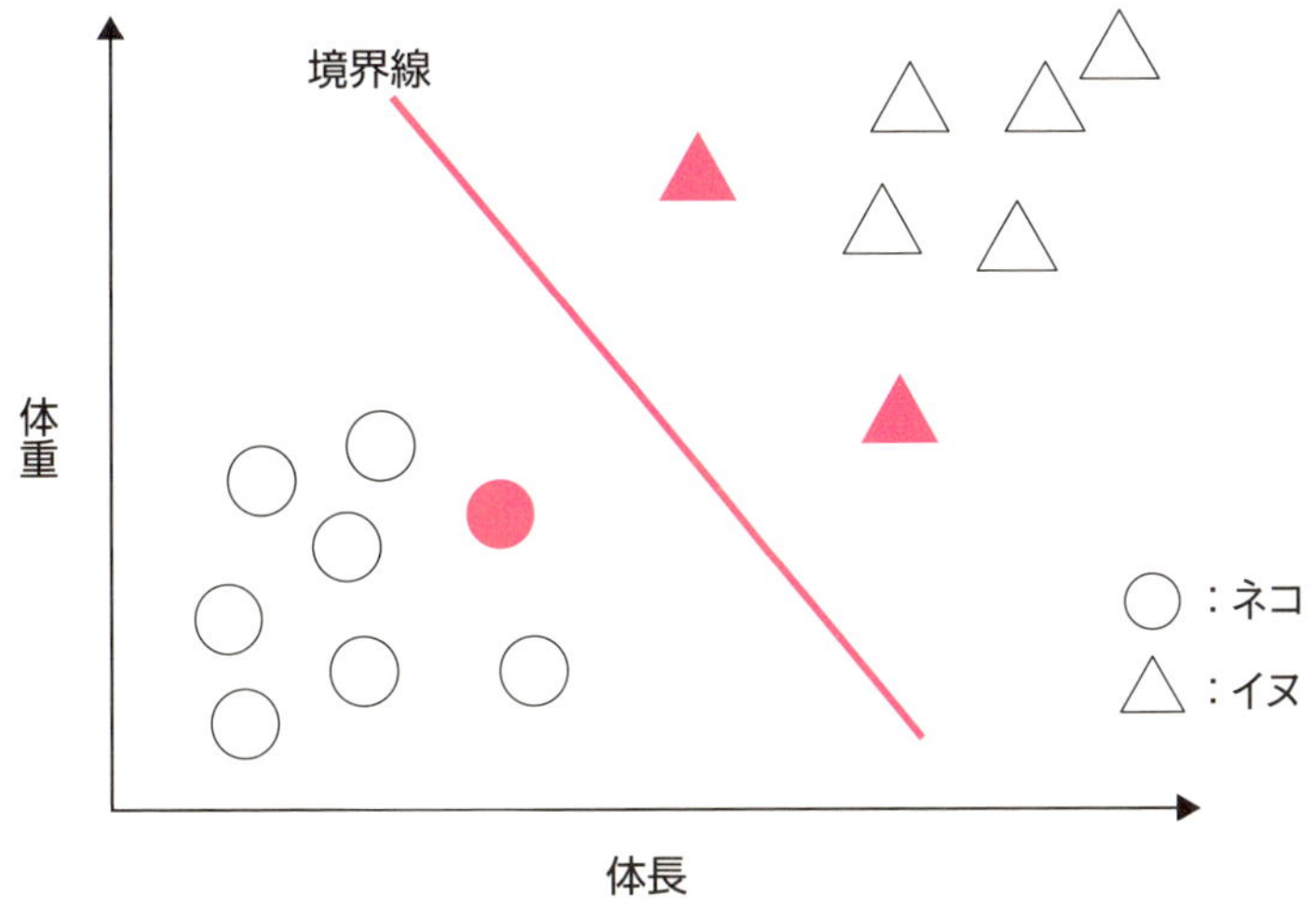

境界線に隣接しているデータ（図中で色付きのもの）しか相手にせず、境界から離れているデータは無視する。どちらのグループからもなるべく離れるように境界線を引く。

25 人間の知能をつかさどる大脳皮質

様々な機能を実現する50の領野

大脳皮質は知能をつかさどるもっとも重要な脳の器官であり、その情報処理原理の解明が強く望まれています。もし解明されれば、人間のような高い知能を備えたロボットが実現可能になるでしょう。

大脳皮質とは、脳の表面にある厚さ2ミリ程度の薄い組織です。大脳皮質は、解剖学的な違いや他の組織との接続の仕方の違いによって領野と呼ばれる約50個の領域に区分けされており、領野ごとに視覚、聴覚、運動制御、行動計画、言語理解など様々な機能が担当されています。領野は相互に接続して階層的なネットワークを形作っています。

また、脳の中には大脳皮質の他にも、大脳基底核、海馬、小脳、扁桃体などの器官があり、相互に連携しています。

大脳皮質の個々の領野は、直径５００ミクロン程度の細長いマクロコラムと呼ばれる柱状の機能単位の集合です。マクロコラムは、直径50ミクロン程度のより細いミニコラムと呼ばれる機能単位の集合です。１つのミニコラムの中には１００個ほどのニューロン（神経細胞）が局所神経回路を作っています。入力刺激に対して同じように応答します。大脳皮質はどの領野もほぼ同じような6層構造をしています。層ごとに、存在するニューロン（神経細胞）の数や種類、他の領野との接続の仕方が異なります。コラム構造・６層構造は全領野でほぼ共通しているため、すべての領野はおそらく共通の動作原理で動いているものと推測されます。

脳の様々な高次機能が、同じような構造をもった50個程度の領野のネットワークで実現されています。これは大変不思議なことです。しかし逆に言えば、脳の全領野の共通の動作原理さえわかれば、脳の様々な高次機能を人工的に再現できる可能性が出てくることになります。

要点BOX

- 視覚、運動、言語など様々な機能を実現
- コラム構造・6層構造は全領野にほぼ共通
- すべての領野の動作原理はおそらく同じ

脳を構成する主な器官

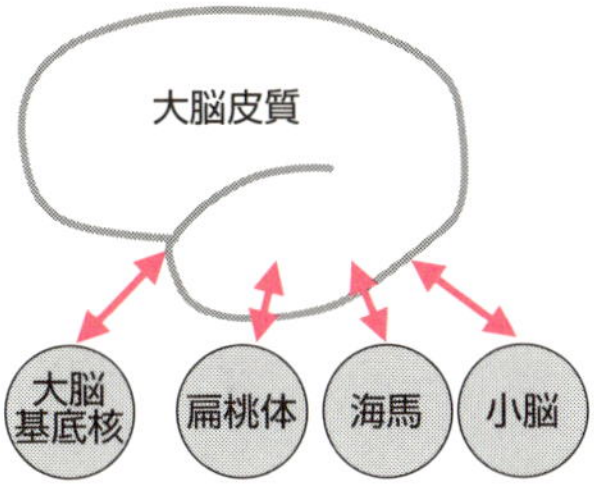

人間の大脳皮質の各構成要素のおよその大きさと個数

構成要素	大きさ	個数
領野	約 50 平方センチ	約 50 個
マクロコラム	直径約 500 ミクロン	約 100 万個
ミニコラム	直径約 50 ミクロン	約 1 億個
ニューロン	直径約 10 ミクロン	約 100 億個

大脳皮質の構造

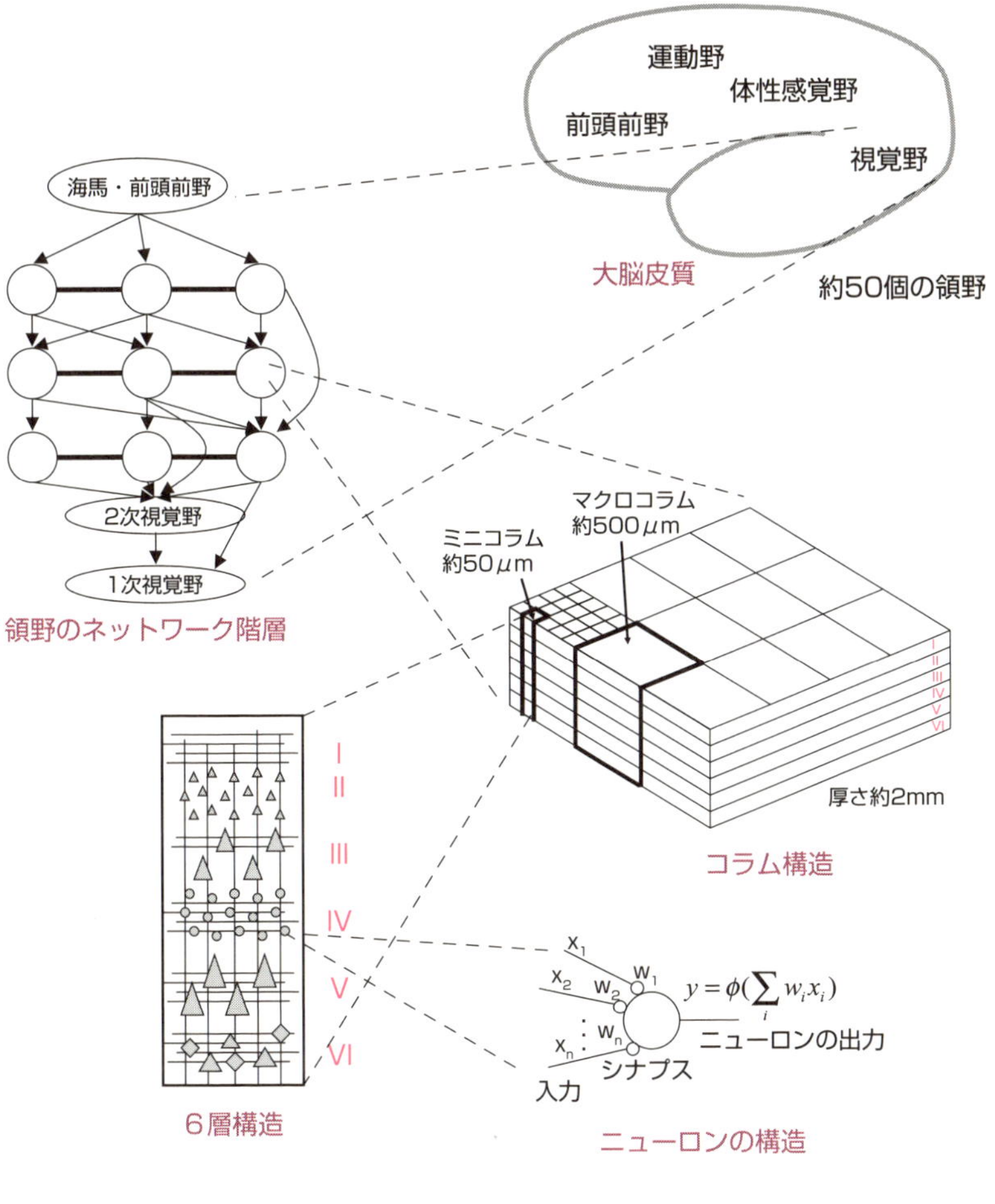

26 大脳皮質を模倣した機械学習技術

ディープラーニングを超える技術の可能性

大脳皮質を模倣した機械学習技術の1つとして最近非常に注目を集めているのがディープラーニング（深層学習）と呼ばれる大規模ニューラルネットワークです。

まずニューラルネットワークとは何かを説明します。大脳皮質の個々のニューロンは、他のニューロンからの入力を受け取り、出力値を計算して他のニューロンに送ります。ニューロンどうしの結合が巨大な神経回路を作り、その中を情報が流れることで様々な脳の機能が実現されます。この仕組みを人工的に模倣し、物体の認識などに応用したものがニューラルネットワークです。しかし、以前は性能があまり出ず応用範囲は限られていました。

ところが近年、ネットワークの層を深くすることで非常に高い性能が出せることがわかりました。これがディープラーニングと呼ばれる技術であり、画像認識、音声認識などで高い性能を出しています。言語理解やロボットの運動制御など、新しい領域への応用も試みられています。

しかし、ディープラーニングは大脳皮質の特徴のすべてを再現しているわけではありません。より脳に近い機械学習技術を作るためのヒントとなりうる神経科学の知見の1つとして、「大脳皮質はベイジアンネットである」とする仮説があります。

ベイジアンネットは、もともと人工知能の分野で使われていた知識表現の技術です。複数の事象の間の因果関係をネットワーク構造で表現します。ベイジアンネットを用いれば、過去の経験とあいまいな観測値に基づいて、確率論に基づいた合理的な推論を効率的に行うことができます。大脳皮質とベイジアンネットの機能や構造には多くの類似性があります。

ディープラーニングとベイジアンネットを組み合わせた機械学習技術が実現できれば、より本物の大脳皮質に近い人工知能になる可能性があります。

要点BOX

- ●ディープラーニングの源流は脳のモデル
- ●さらなる改良のヒントはベイジアンネット

個々のニューロンの働き

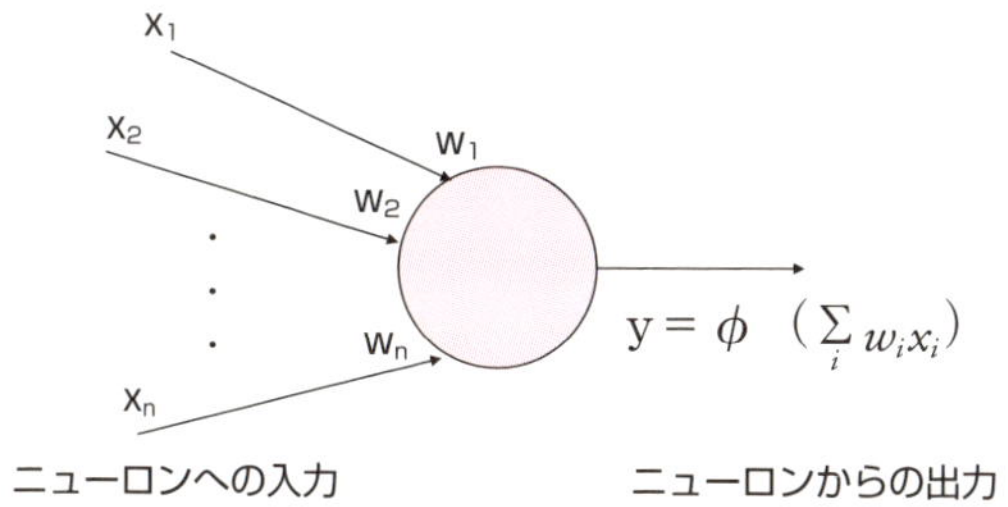

他のニューロンからの入力値と結合の重みを掛けたものを総和し、活性化関数を適用した結果を他のニューロンに出力します。

ニューラルネットワークの例

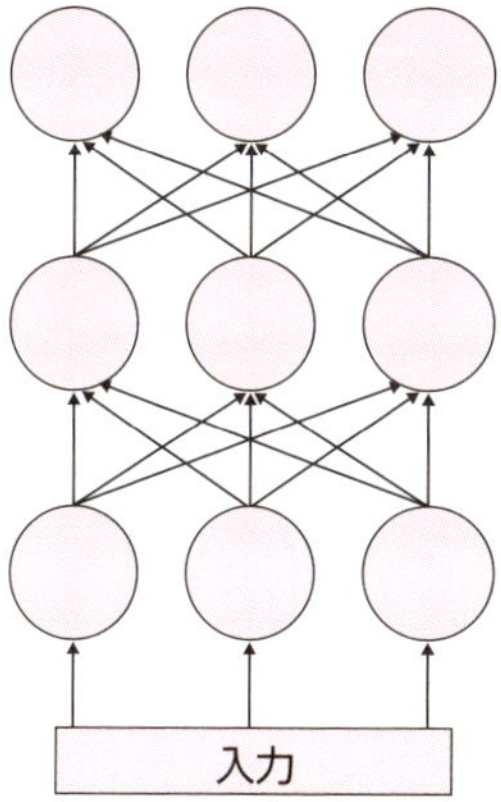

層の数やニューロン数をより増やして大規模化したニューラルネットワークはディープラーニング（深層学習）と呼ばれます。

大脳皮質とディープラーニングの類似点

- 上の層（出力側）ほど広い範囲から入力を受ける。
- 上の層ほど複雑な形の視覚特徴量を表現する。
- 上の層に行くにつれ情報が捨てられ、より抽象的な情報を表現する。

大脳皮質とベイジアンネットの類似点

- 推論時に上下双方向かつ非対称に情報が流れる。
- 局所的かつ非同期な情報のやりとりだけで動作をする。
- 文脈や事前知識を利用した頑健な推論が行える。
- 確率論に基づいた合理的な動作をする。

ベイジアンネットの例

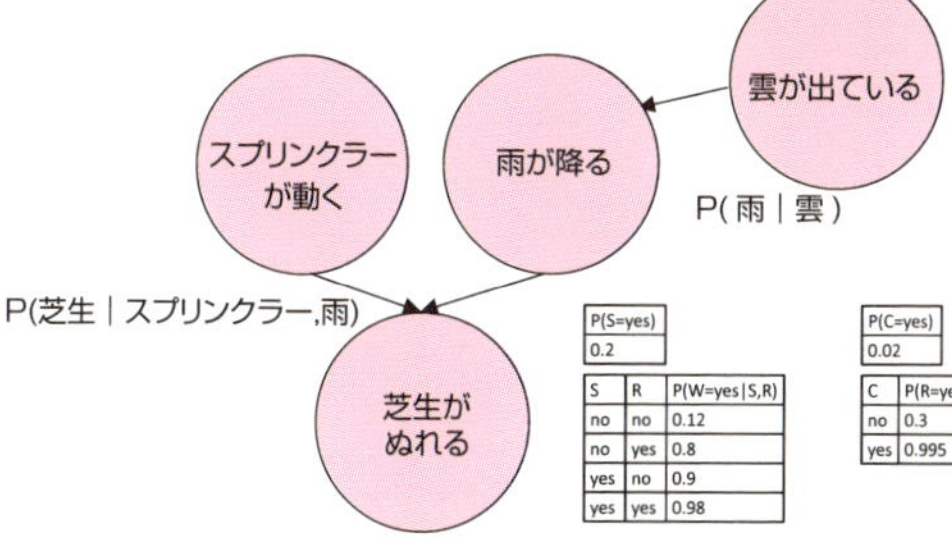

P(S=yes)
0.2

S	R	P(W=yes|S,R)
no	no	0.12
no	yes	0.8
yes	no	0.9
yes	yes	0.98

P(C=yes)
0.02

C	P(R=yes|C)
no	0.3
yes	0.995

- P（事象1 | 事象2）とは、事象2が起きたときに事象1が起きる条件付き確率を表します。
- 雲が出ていれば雨が降る確率が高い、雨が降れば芝生が濡れる確率が高い、という風に事象の間の因果関係とその強さを表現したものがベイジアンネットです。

S→スプリンクラー
C→雲
R→雨
W→芝生

27 脳全体を模倣した汎用人工知能の可能性

人間のような知能の実現へ

現在の人工知能技術は、チェスや囲碁、画像認識など個別の目的に応じて作られており、人間のようになんでもできるわけではありません。人間のように幅広い範囲の仕事をこなせる人工知能は汎用人工知能と呼ばれており、その実現を目指す研究者もいます。

汎用人工知能を実現するための1つの課題は、人間の脳を模倣することです。今日では大脳皮質以外の器官も機械学習アルゴリズムとしての理解が徐々に進んでいます。しかし、それらがどう連携して脳全体の機能を実現しているのかについては、比較的研究が進んでいません。解明には、機械学習や神経科学、認知科学などの複数の領域にまたがった幅広い知識と高度なプログラミング能力が要求され、そのような研究者が増えることが望まれます。

汎用人工知能の実現に向けたもう1つの大きな課題は、計算機コストです。脳の中で最も知能に深くかかわる大脳皮質の機能を計算機で再現するためには、どのくらいの計算速度が必要でしょうか。仮に、人間の大脳皮質のニューロンをおよそ１００億個、1個のニューロンあたりのシナプス（他のニューロンとの結合部）を1万個、シナプス1個あたりの演算数が毎秒１００回とします。すると、10ペタフロップスという計算速度でリアルタイムにシミュレーションできることになります。これはちょうど現在のスーパーコンピュータと同程度の計算速度です。

しかし、数百億円も値段のするスーパーコンピュータで人間1人分の仕事ができるようになったとしても、世の中は何も変わりません。将来技術が進歩して、例えば、脳を模倣した知能をもつロボットが生み出す利益が、失業した労働者への所得補償を上回るようになったときにこそ、社会は飛躍的に豊かになるでしょう。

要点BOX

- ●脳全体のアーキテクチャ解明が課題
- ●幅広い知識をもった研究者が不可欠
- ●計算機の飛躍的な低コスト化も必要

脳の各器官の主な役割

器官	主な役割	関連する機械学習技術
大脳皮質	認識·思考·運動制御·言語理解など	教師無し学習 （ディープラーニング、ベイジアンネット）
大脳基底核	運動の学習など	強化学習
扁桃体	情動	強化学習
海馬	エピソード記憶	連想記憶
小脳	精密な運動制御など	教師有り学習

脳を模倣した汎用人工知能を目指す研究の位置付け

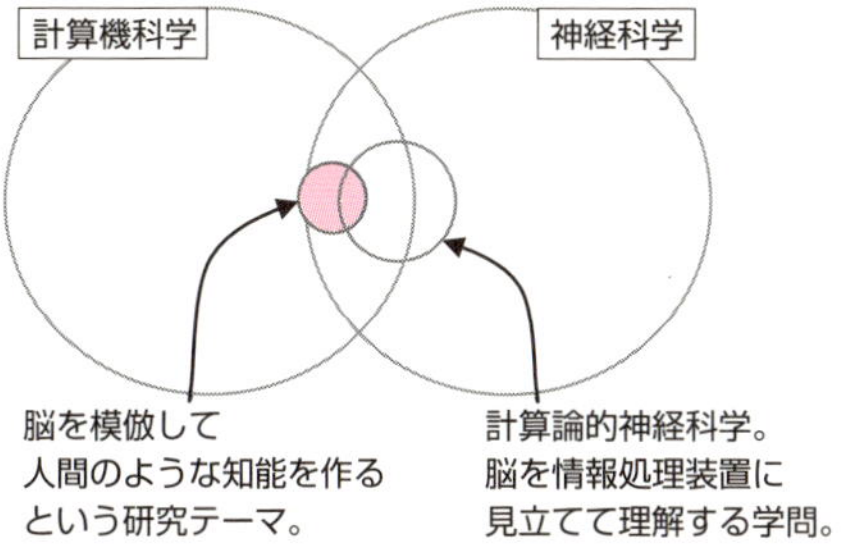
計算機科学
神経科学
脳を模倣して
人間のような知能を作る
という研究テーマ。
計算論的神経科学。
脳を情報処理装置に
見立てて理解する学問。

脳を模倣した知能を備えたロボットの実用化イメージ

●ロボットを赤ん坊のような状態から育て「常識」を学習。

↓

●常識的知識をコピーし、工場での作業や農業など個別の応用に必要な技能を教育。

↓

●教育済みのロボットの知識をコピーし市場へ。

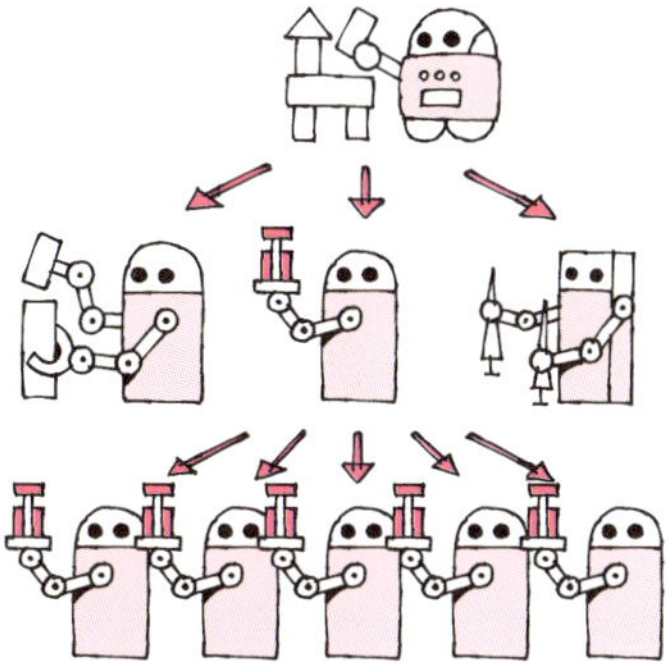

脳を模倣した知能がもつであろう特徴

●生物の脳から引き継ぐ特徴

知識発見能力・問題解決能力：ゼロ～賢い人間程度

常識：人間と同じ環境で教育すれば身につく

自由意志、自己認識、創造性：人間程度

●生物学的制約がないことに起因する特徴

思考速度、記憶力：ゼロ～無限大

知能の寿命：無し

自己改変能力、自己複製能力：有り

●存在目的の違いに起因する特徴

感情、欲求：技術者が人間の役に立つように設計

●コスト

製造コスト・ランニングコスト：将来は人間の労働コストより安い

1個体の教育コスト：人間の教育コストと同程度

教育済みの知識の複製コスト：ゼロ

28 機械学習と並列計算

機械学習を並列化するには？

人工知能や機械学習の学習過程には膨大な計算量が必要となります。この計算を1台の計算機で実行することは現実的ではありません。そこで必要になるのが並列計算です。並列計算とは、1つの仕事を複数の計算機で実行することです。例えば、ネコのイメージを教師無しで学習したということで有名になったグーグルの研究では、実に計算機1000台、16000コアのCPUを同時に使って、3日間かけて計算しています。

機械学習を並列化する方法には、大きく分けてモデル並列とデータ並列があります。

モデル並列とは1つの機械学習機の内部を並列化する方法です。機械学習の中身は多くの場合は行列計算なので、行列計算を並列化することで機械学習機の並列化が可能になります。

一方、データ並列では複数の機械学習機を並列に動作させて学習を行います。もちろん並列に学習させるだけでは、学習の速度は向上しません。個々の機械学習機の中の学習パラメータを相互に同期することによって、学習の速度を向上させることが可能になります。

問題は、どうやって学習パラメータを同期するかですが、これにはパラメータサーバと呼ばれる機構を使うのが一般的です。サーバにパラメータ情報を集約し、そこから分配することで、各機械学習機の中のパラメータを同期するのです。パラメータの数や機械学習機の数が多くなると、パラメータサーバへの通信がボトルネックになりますが、パラメータサーバも複数のノードに分散する手法があります。

モデル並列とデータ並列は並用できます。GPU（次項参照）を用いたモデル並列は、手軽に利用できることもあり、今や必須の技術です。データ並列は少し敷居が高いですが、今後ツールが普及するにしたがって一般に使われるようになるでしょう。

要点BOX
- ●大規模な機械学習には並列化が必須
- ●モデル並列は、1つの機械学習機内部を並列化
- ●データ並列は、複数の機械学習機を同期

モデル並列

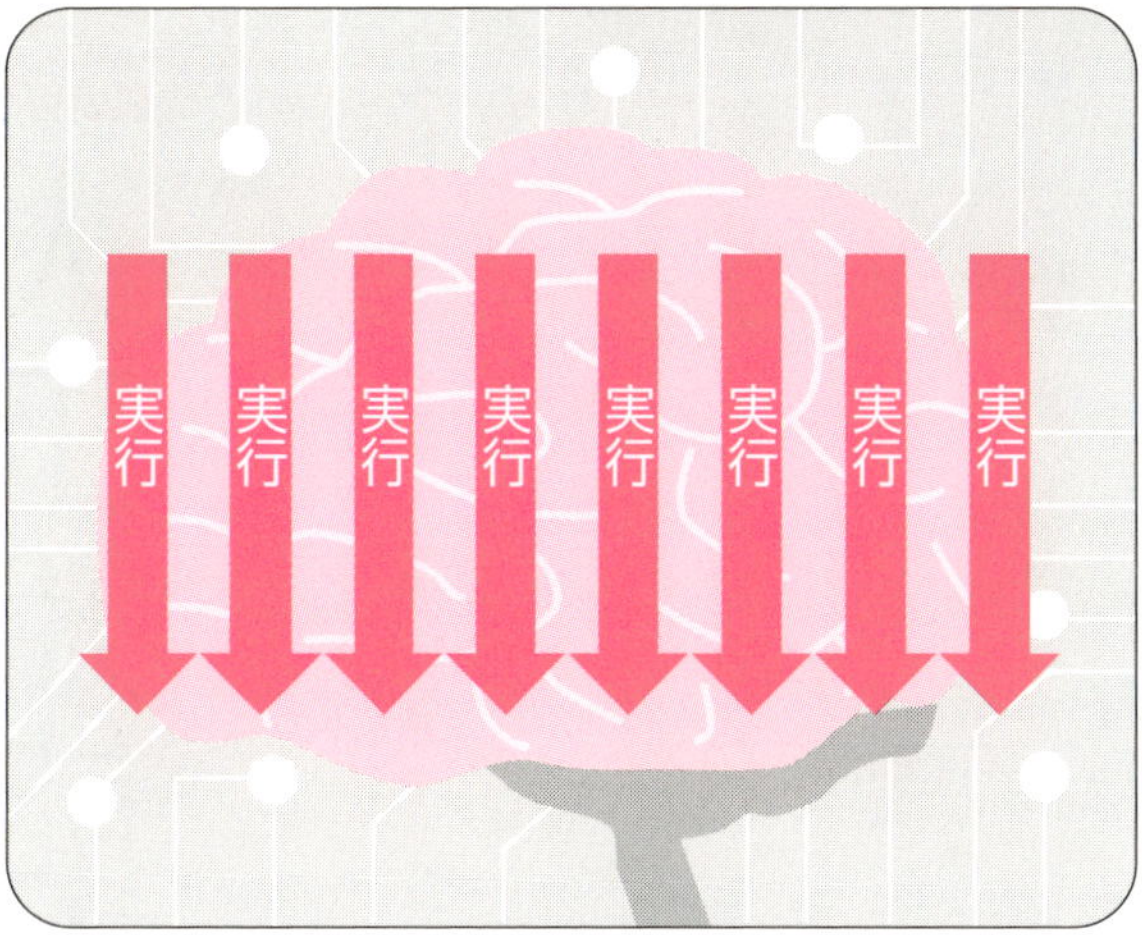

1つの機械学習機の
内部を並列に実行。

データ並列

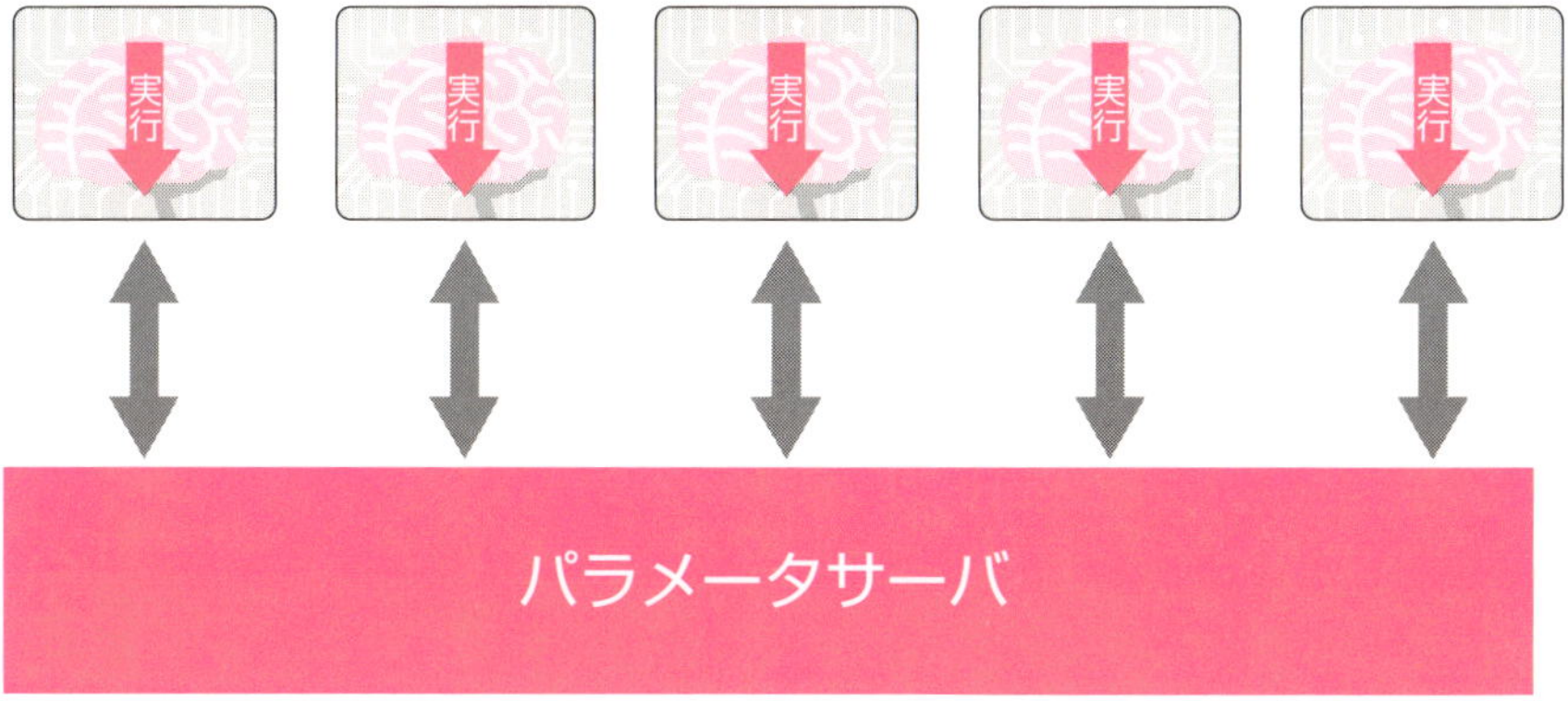

複数の機械学習機を並列に実行、パラメータサーバを介してパラメータを同期。

学習パラメータとは･･･
機械学習機のふるまいを決定する変数。この変数を調整することが学習に相当する。
機械学習とは入力に対して所望の出力がでるような、箱を作ることに相当する。この箱の中には一般にたくさんの変数があり、その変数を調整して所望の出力がでるようにする過程が「学習」ということである。

29 人工知能と計算機

人工知能に適した計算機とは？

人工知能と言っても、中身は普通の計算ですから、特別な計算機が必ずしも必要なわけではありません。しかし、より適した計算機というのはあります。

今広く用いられているのはGPGPU（General-Purpose Computing on Graphics Processing Units：GPUによる汎用計算）と呼ばれるものです。本来ゲームなどの高度な画像処理向けに開発されたGPUと呼ばれるチップを、普通の計算にも用いるのです。GPUは非常に沢山の演算ユニットが並んでいる特殊な計算機です。演算ユニットはいくつかのグループに分けられており、そのグループの中では、まったく同じ演算しかすることができません。このため、計算機としてみるととても使いにくく、何にでも使えるというものではないのですが、機械学習、とくにディープラーニングにはピッタリだったのです。

GPGPUを使うと、ざっくりCPUで実行するよりも50倍から１００倍速く実行することができます。サーバ用のGPGPUは高価ですが、ゲーム用のものであれば5～10万円くらいで購入できますから、大学の研究室でも気軽に導入することができます。GPGPUが現在のディープラーニング技術の一端を担っています。GPGPUを開発するNVIDIA社もディープラーニング用のライブラリを無償で提供して、さらなる普及を図っています。

一方、パソコンのCPUで圧倒的なシェアを誇るインテル社も、「メニーコア」と呼ばれる多数のコアを搭載した特殊なCPUを開発しており、これが機械学習に適していると主張しています。最新のXeon Phiは72個のCPUコアを搭載しています。

機械学習専用の計算機を作ってしまおうという研究も進んでいます。グーグルはディープラーニング専用のTPU（Tensor Processing Unit）いうチップを開発し、すでに自社クラウドサービスでの利用をはじめています。

要点BOX

- ●GPGPUがディープラーニングを支えている
- ●多数のコアをもつメニーコアも適している
- ●専用計算機を作る動きも進んでいる

CPU、GPGPU、メニーコアの違い

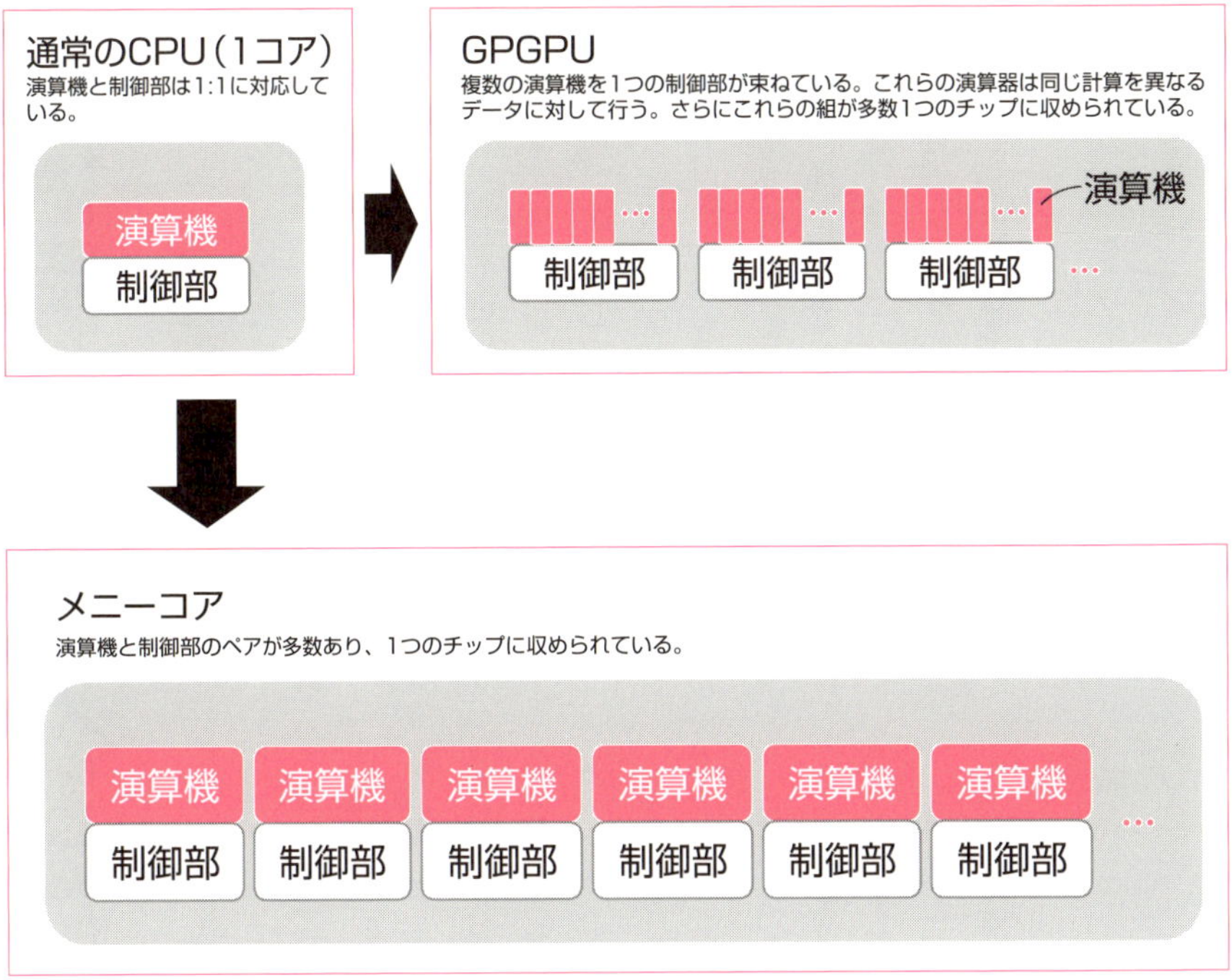
通常のCPU（1コア）
演算機と制御部は1:1に対応している。
演算機
制御部
GPGPU
複数の演算機を1つの制御部が束ねている。これらの演算器は同じ計算を異なるデータに対して行う。さらにこれらの組が多数1つのチップに収められている。
演算機
制御部
制御部
制御部
メニーコア
演算機と制御部のペアが多数あり、1つのチップに収められている。
演算機
制御部

「ハードウェアによる人工知能の実装」と「ソフトウェアによる人工知能の実装」

	速度	消費電力	柔軟性
ソフトウェア	速い	大きい	大きい。アルゴリズムを簡単に変更できる。
ハードウェア	とても速い	小さい	小さい。アルゴリズムを変えるには再設計が必要。

ハードウェア実装のメリットは高速化だけでなく、消費電力低減がある。
一方、デメリットはアルゴリズムの変更に追従しにくいことにある。

30 信号のデジタル処理

アルゴリズムが実世界データを処理する

デジタル信号処理（DSP）は、人工知能の発展を支えてきた技術の1つです。

昔は信号というものはほとんどすべてアナログでした。アナログとは、情報を連続的な物理量で保持する方式を言います。昔の音楽レコードは凹凸によって音波の情報を記録していました。

アナログの最大の欠点は、処理や加工がやりにくいことにあります。例えば、**図1**のAのような下半分が暗い写真を明るく直したいとします。昔は暗室にこもって、手作業で調節しながら現像し直すしかありませんでした。現像した結果が気に入らなかったら、もう一度暗室に戻って一からやり直しです。

しかも、明るくしようとすると画面全体がもろともに明るくなってしまうので、もともと明るかった画面上部は白くなりすぎてしまいます。細かい調整はできなかったのです。

一方、デジタルはデータを数字に直して記録します。「計数式」とも呼びます。デジタルにしてしまえば、もはや数字データですから、自由自在に加工ができます。画像データに使う基本的なデジタル処理は、**図2**に示した「フィルタ」です。ある画素とその周囲8画素の値を使って新たなデータを作るというものです。こうすることで、輪郭だけを取り出すことができます。

より高度な処理として、明暗の階調を平坦にして、写真をくっきりさせるイコライズ処理もよく使われます。これは、各画素の明るさの順位を調べるというアルゴリズムが使われています。アナログではできない芸当です。

人間の視覚は、数字を扱っていないのでアナログなのですが、高度なデジタル信号処理にも負けない性能をもっています。視覚はどうやって巧妙な処理を達成しているのかという疑問は、人工知能研究の大きなテーマの1つとなっています。

要点BOX
- ●データを数字で扱うのがデジタル
- ●コンピュータによる複雑な処理が可能に
- ●人工知能による理解の前処理として活躍

図1 フィルタを使って画像を修正する

A：元の画像。下部が暗くて見えにくい。

B：図2の左のフィルタを適用し、縦方向の筋のみを抽出した結果。

C：図2の右のフィルタを適用した結果。

D：明暗の階調を平準化(イコライズ)した結果。

図2 画素から線や点の存在を探知するフィルタ

−1	+2	−1
−1	+2	−1
−1	+2	−1

−1	−1	−1
−1	+8	−1
−1	−1	−1

上下左右隣接する画素の輝度値それぞれに、表の係数をかけた値が線や点の特徴の強度を表す。

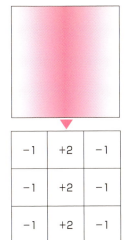

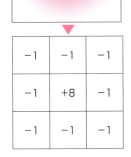

31 単純な近隣通信だけで生み出される複雑性

セルオートマトンの不思議な世界

局所的で単純な活動が、大局的で複雑な結果を生み出す現象を、セルオートマトンという機械のモデルで見てみましょう。

オートマトンとは、もともとはからくり人形という意味ですが、人工知能学では、有限の内部状態を取り得て、状況に応じて内部状態を変化させる機械を意味します。

セルオートマトンとは、一列の直線状に並んだ、小さな機械の集まりです。各機械は、自分自身と左右両隣の3つの機械の状態を見ることができます。その状態に応じて、次の時刻に自分の状態をどう変化させるか決めるのです。

例えば、「自分と左右両隣の3つのセルで、黒の数が2つ以上であるか、または1つ未満であるなら、次の時刻では自分を白にする。それ以外は黒にする」というルールで内部状態を決める場合は、図のような三角形を敷き詰めた模様が出現します。

これはアサリの貝殻などにも見られる模様です。この大小様々な三角形が組み合わさった模様は、天敵の目から自分をカムフラージュするのにちょうどよいわけです。しかし、アサリの脳が模様全体を設計しているわけではありません。貝殻を作る細胞たちが、局所的に連絡を取り合って、自分の色を決めているだけなのです。狭い視野の単純な知能でも、集まれば大きな模様を作ることができるのです。

科学的な現象のシミュレーションを行っていると、はからずもセルオートマトンができ上がってしまうことがよくあります。例えば、気象現象のシミュレーションでは、大気を小さな区画に区切り、その動向を予測するわけです。次の時刻でのセルの状態を決めるのは、自分自身と隣接するセルの状態です。これはセルオートマトンの仕組みそのものです。このルール自体は単純であっても、全体としては複雑な気象現象をシミュレートすることになります。

要点BOX

- ●単純な細胞（セル）が多数並んだシステム
- ●科学現象のシミュレーションで多く登場する
- ●全体としては極めて複雑な振る舞いをする

セルオートマトンの作る模様例

各点の色は、その上方の3マスの状態に応じて決めた。アサリなどでも見られる模様。

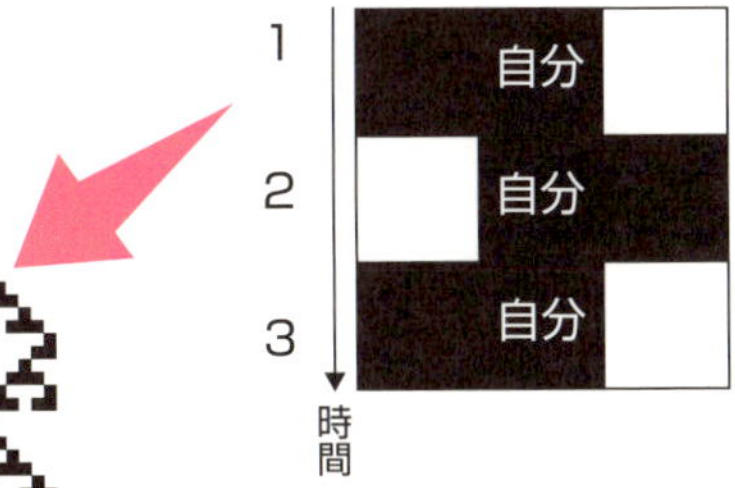

自分と左右両隣の3つのセルで、黒の数が2つ以上であるか、または1つ未満であるなら、次の時刻では自分を白にする。それ以外は黒にする。

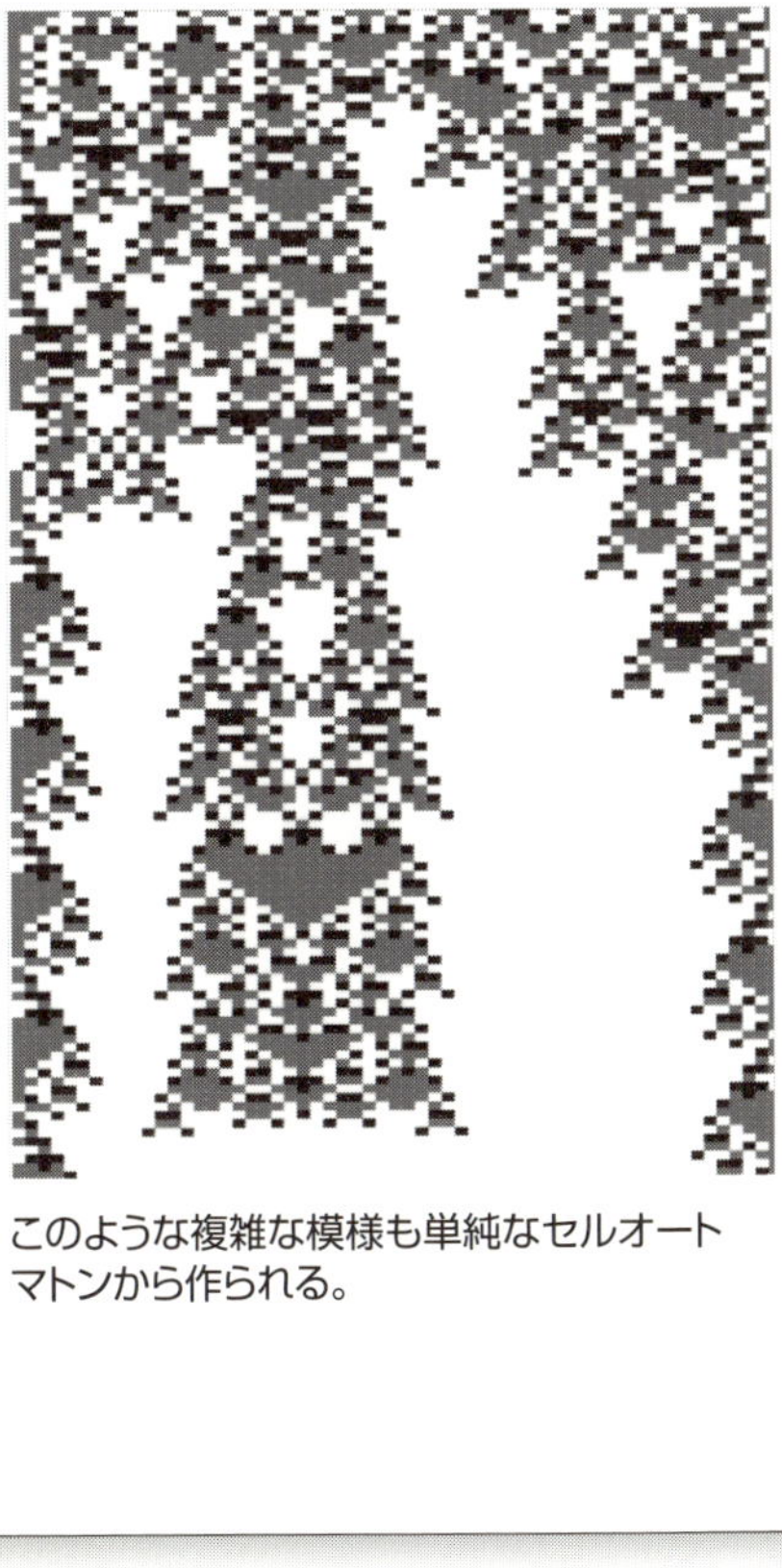

このような複雑な模様も単純なセルオートマトンから作られる。

32 アリのように群衆が作り出す群知能

マルチエージェント型人工知能

小さく単純な知能がたくさん集まること（マルチエージェント）で、群れ全体としては高度な知能を実現することができます。その代表はアリです。アリは1匹では単純な知能にすぎません。思考と行動は単なる反射ルールですし、遠大な計画をもっているわけでもなく、状況の全体像を把握していません。しかし、アリの群れとしては、エサを集めて、巨大な巣を作るという高度な目的をこなしています。

工学的な題材でも、単純な反射ルールが、複雑な論理演算にまさることがあります。例えば、通路で2台のロボットが鉢合わせになったとしましょう。双方が直進すると正面衝突してしまいますから、互いに左右に少しずれて、すれ違う必要があります。

図1のように、すれ違い行動を完全に論理的に考えると、大変なことになります。進路の計算を精密にせねばなりませんし、状況が悪くなる可能性を考えたらキリがないわけです。これでは時間切れになってしまいます。

反射ルールなら簡単です。**図2**のように、反射ルールにしたがえば大抵の場合はすれ違えます。

雑踏でも人間同士がぶつかることなく進んでいけるのは、状況を大局的に統制している管制官の指示に人々がしたがっているからではなく、各自が自分の周りだけを見て反射的に歩を進めているからです。このように群知能は、複雑な問題であっても、素早く解決できることがあるという利点があります。

群知能は部分的に故障が起きても全体としては機能することも長所です。アリは少々死んでも、アリの群れとしてはまったく健在で機能し続けられます。

家電や自動車などあらゆるものをネットワークでつなぐIoT（もののインターネット）が注目を集めています。群知能はここで活躍するでしょう。例えば近くの自動車同士が通信し、ちょっとした反射行動で譲り合えば、スムーズな交通が実現します。

要点BOX

- ●単体は単純だが、群れとしては複雑で有能
- ●複雑なルールより反射の方がうまくいくことも
- ●IoTの世界で活躍が期待される

図1 理詰めで考えると時間切れになる

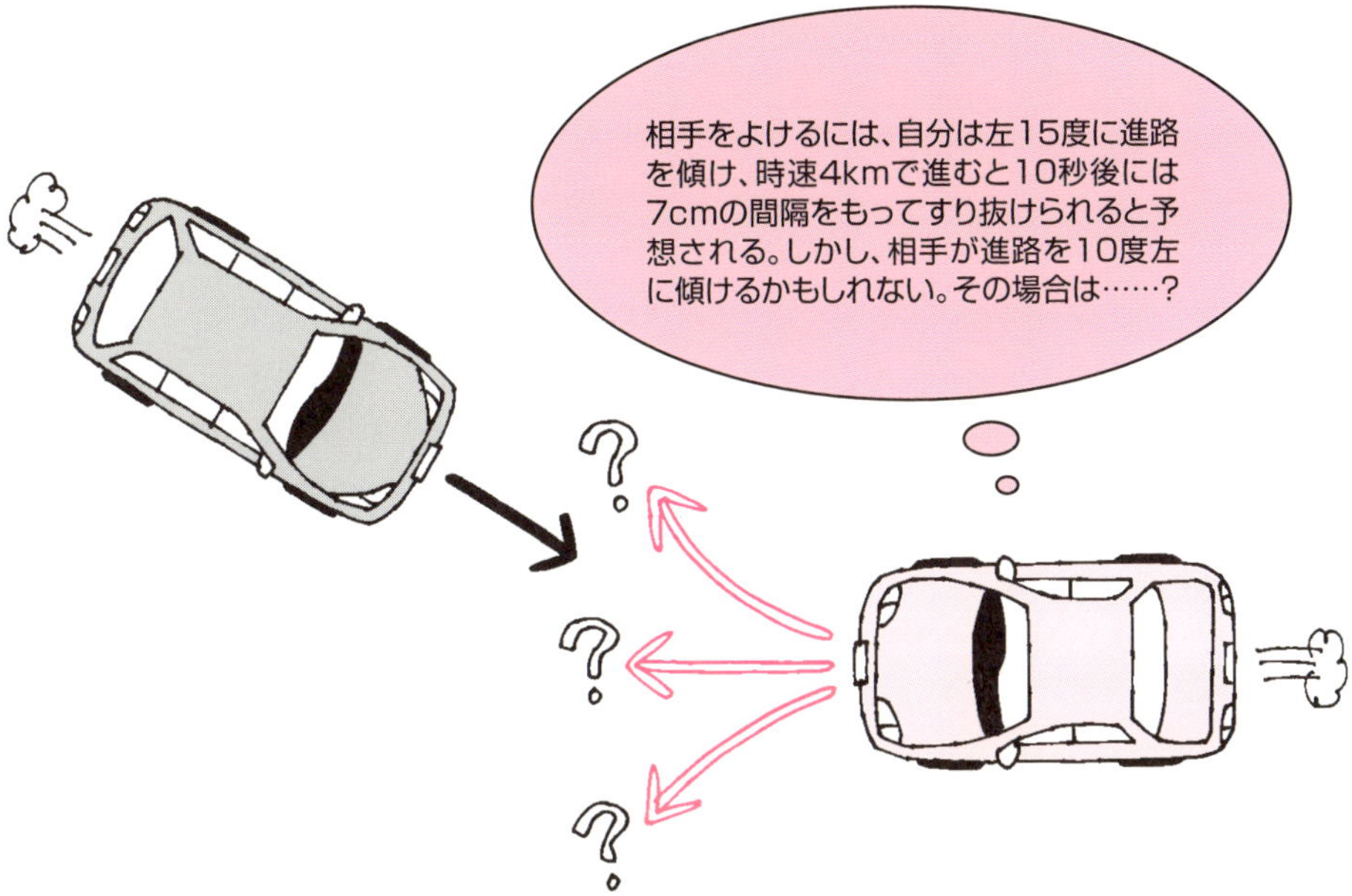
相手をよけるには、自分は左15度に進路を傾け、時速4kmで進むと10秒後には7cmの間隔をもってすり抜けられると予想される。しかし、相手が進路を10度左に傾けるかもしれない。その場合は……？

図2 単純な反射行動の方がうまくいく

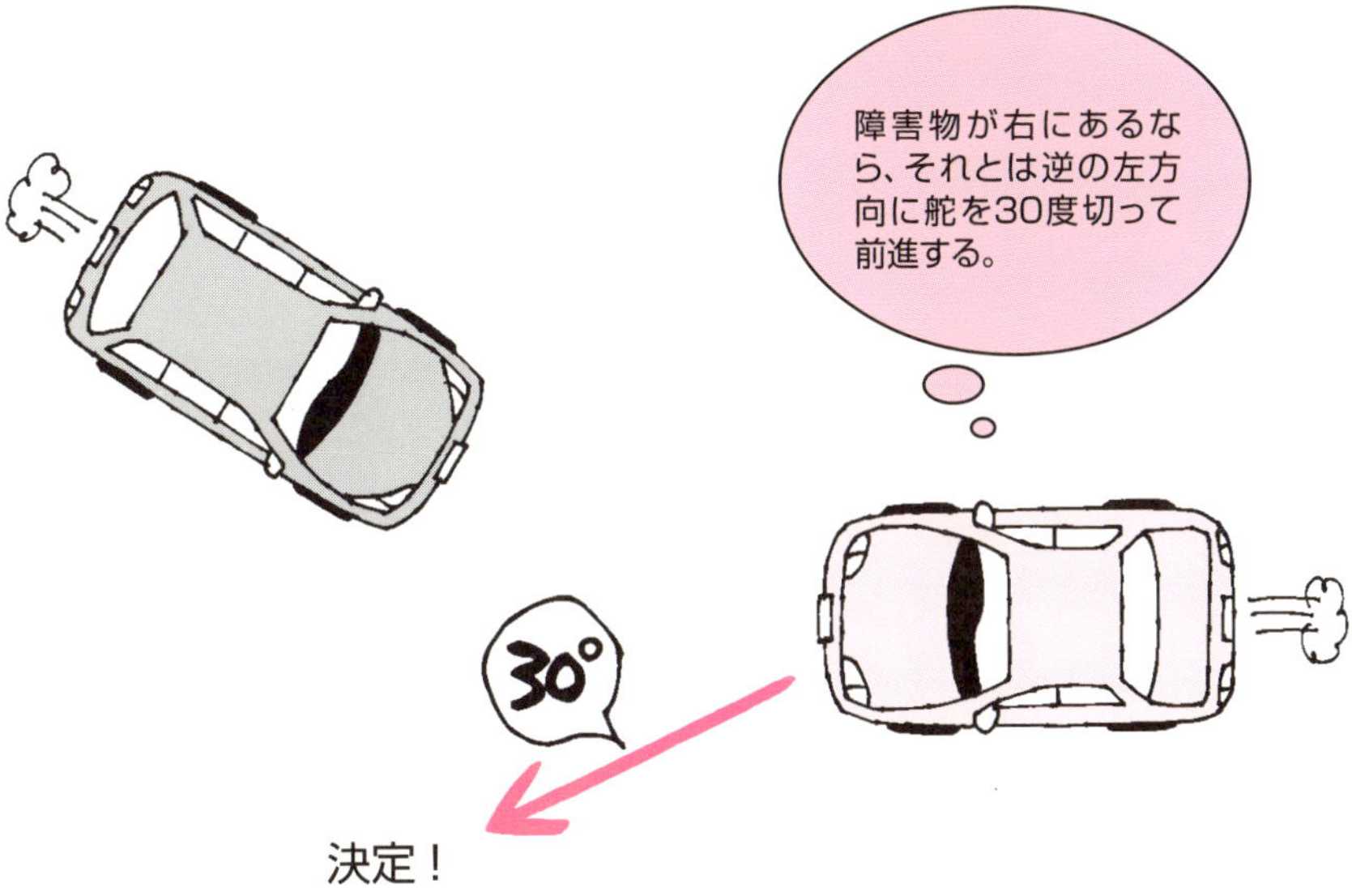
障害物が右にあるなら、それとは逆の左方向に舵を30度切って前進する。
30°
決定！

Column ③

小中学生からのよくある質問

Q：人工知能が人類よりも賢くなって、私たちを支配してしまうのですか？

A：もう支配されています。コンビニの棚に並ぶ商品は、人工知能が「この商品は人間に買わせることができる」と判断したものです。私たちは人工知能の指図通りに動いているだけなのです。そしてそれが快適ですよね。欲しい商品が近所のコンビニにちゃんとあるのですから。人工知能に支配されるのも案外いいものですね。

Q：人間の仕事を人工知能が奪ってしまい、私たちが失業する恐れはないですか？

A：ミシンが発明された時に、縫製業者たちは自分たちの仕事が奪われることを恐れて、ミシンの打ち壊しを行いました。でも今は、ミシンは縫製業者の一番の相棒になっています。人工知能もそうなるでしょう。技術とは、人間の労働の可能性を広げるためにあるものです。人間の仕事をより高品質で稼げるものにするでしょう。人工知能の登場によって消える仕事は単純作業だけです。それはそもそも消えるべき仕事なのかもしれませんよ。

Q：賢い人工知能がもっと賢い人工知能を作り、それがさらに賢い人工知能を作るという連鎖が始まると、ついには人間が太刀打ちできなくなるのでしょうか？

A：そうなれば便利ですね。ガンの治し方を見つけてくれる人工知能がすぐにできれば、どんなに助かることか。

　さて、「機械が自分と同じ機械を製作できるか？」というテーマは昔からありました。

　フォン・ノイマンという科学者は、「自己増殖オートマトン」という、こうすれば機械は自己を複製できる、というモデルを作っています。これは理屈の上のモデルであって実際に自分を作る機械が実現したわけではありませんが、無理ではないということです。

　私たち生物だって「自己増殖する機械」と見なせますから、機械の自己増殖は無理ではないはずです。遺伝子を操作して、より脳が大きくて賢そうな人間を作ることも可能かもしれません。

　そこで問題です。脳が大きいことは「賢い」ことなのでしょうか？　計算が速くて間違えない電卓は人間より賢いのでしょうか？　百科事典のウィキペディアは、お掃除ロボットより賢いのでしょうか？

　一体、「賢さ」とは何でしょう？　生徒を啓発するよう刺激的な回答を心がけています。

第4章

人工知能はどう応用されているのか?

33 自然言語処理は人工知能の大きな柱

人工知能が本領を発揮する発展著しい分野

日本語や英語のように、計画ではなく自然にでき上がった言語を「自然言語」と呼びます。

人工知能の分野では、ごく草創期から自然言語が研究の対象とされてきました。言語は記号そのものですから人工知能の得意な題材ですし、「機械翻訳」という明確な目標がありました。

しかし、機械翻訳の研究は難航します。長年の研究にもかかわらず、最近の翻訳ソフトでも、日本語の文を英語に機械翻訳し、それを再び日本語へ再翻訳すると、かなりおかしな訳文になったりします。

そもそも私たちの話す自然言語は曖昧なのです。単語は多義的ですし、文法構造にも省略や曖昧性が含まれます。「先発投手が火だるま」と言っても、本当に燃えているわけではありません。私たちは経験によって曖昧さをカバーしているわけです。

ならば人工知能も経験を積めばよいということで、最近は機械学習を翻訳アルゴリズムに取り入れるアプローチが盛んです。機械学習の飛躍的進歩が、機械翻訳、ひいては自然言語処理全体の大きな進展を引き起こしつつあります。

非常に面白いことに、自然言語処理の技術の発展は、それとは遠く離れた、画像認識の分野で思わぬ大成功を収めました。ネット上にいっぱい転がっている写真を見せて、それに何が写っているかを、人工知能に答えさせることは夢の又夢でした。

２０１４年にグーグルがこの難題をやってのけました。その技法は機械翻訳に非常に似ています。

機械学習を使った機械翻訳では、曖昧な文意を解決するためには文の何に注目すればよいかという点の学習が重要になります。

この事情は文章データでも写真データでも同じです。データの内容を言い当てるのに、何か決定的な特徴があるはずで、それを機械学習で突き止めれば、人工知能が文章や写真の意味がわかるようになります。

要点BOX

- ●単語検索から情報抽出、質問応答システムへ
- ●文法的処理技術から機械翻訳技術という流れ
- ●人間と自然に会話する人工知能も急速に普及

自然言語処理の研究の流れ

1.大きな文書群から情報を抽出する研究

初期

単語検索。特定の単語が含まれている文章を探し出す。

例:「ピカソ」という検索語に対して、「ピカソ」を説明しているウェブページを出力する。

↓

現代

質問応答システム。単語による検索ではなく、質問文に対する答えを探し出す。

例:「ピカソに影響を受けた画家は誰か?」という質問に対して、「岡本太郎」と出力する。「画家」という概念には「影響先」という項目があるというオントロジーを用意しておかないと答えにくい。

↓

将来の研究の方向性

より多面的な知識の抽出システム。予期していない意外な観点からの質問に答えられる。

例:「ピカソがはじめて飛行機に乗った日は?」に対して、情報源の文書を読解して正解を見つける。特定のオントロジーを人手で用意するのではなく、ネット上の文書というビックデータを基に、それを統計分析して知識を「発掘」(テキストマイニング)し、巨大なオントロジーを自動で作るというアプローチ。

2.個々の文を正確に処理する研究

初期

文の文法構造の認識。仮名漢字変換や文法チェッカー、機械翻訳で応用。

↓

現代

人間の言っていることを正しく認識し会話するシステム。ロボットやスマートフォンのインターフェースとして活用。

↓

将来の研究の方向性

ディープラーニングがさらに取り入れられる。文のデータが、画像や動画といった異なる形のデータと相互変換されたり、混合利用されることが盛んになる。

34 オントロジーによる概念の明示化

言葉の意味合いを踏まえた自然言語処理

「8月は蚊が多くて嫌だ」という文と、「夏期は虫の害が悪化する」という文は、かなり近い事を言っています。これを人工知能にわからせるには、言葉の意味、そして概念の成り立ちについてしっかり教えねばなりません。そこでオントロジーの出番となります。

オントロジーとは、「存在論」と和訳されますが、アメリカのコンピュータ科学者トーマス・グルーバーは「概念化の明示的な記述」と定義しています。簡単に「概念体系」という訳語を当てる場合もあります。

オントロジーの目的は、「人間なら誰でも簡単にできる概念の取り扱いが、人工知能はうまく扱えないので、それができるようになるまで概念の定義と形をハッキリとさせること」だと考えるべきでしょう。

例えば、自動運転車に「この道路を通る時は、子供が多いから気をつけて」と教え込ませたいとします。それを実現するには、**図1**のようにオントロジーを用意せねばなりません。

人工知能に何か仕事をさせる時には、その操作対象や作業環境の出てくる物事について、相当にしっかりしたオントロジーを作ることが必要になります。自動運転のためのオントロジーやゲノム情報のオントロジーなど、分野や題材ごとに盛んに研究されています。

オントロジーの構築というと、何か哲学的で近寄りがたい難しい作業という感じがしますが、実は私たちがふだんの仕事でやっている作業です。

例えば、申し込み用紙を設計するという作業がそれです。顧客にいろいろ情報を書いてもらうための用紙ですが、どのような欄を用意し、どのような選択肢を配置するかと考えるわけです。顧客を、過不足なく曖昧さなく表記ゆれなく把握するには、どのような情報を、どのような統一用語で、どのような体系に収めるべきかという検討は、まさにオントロジーの設計です。

要点BOX

- ●ものごとの概念は暗黙の了解が多い
- ●検索を妨げる言葉の表記ゆれを克服する
- ●実は私たちにとって身近な作業

図1 道路上の存在を取り扱うためのオントロジー

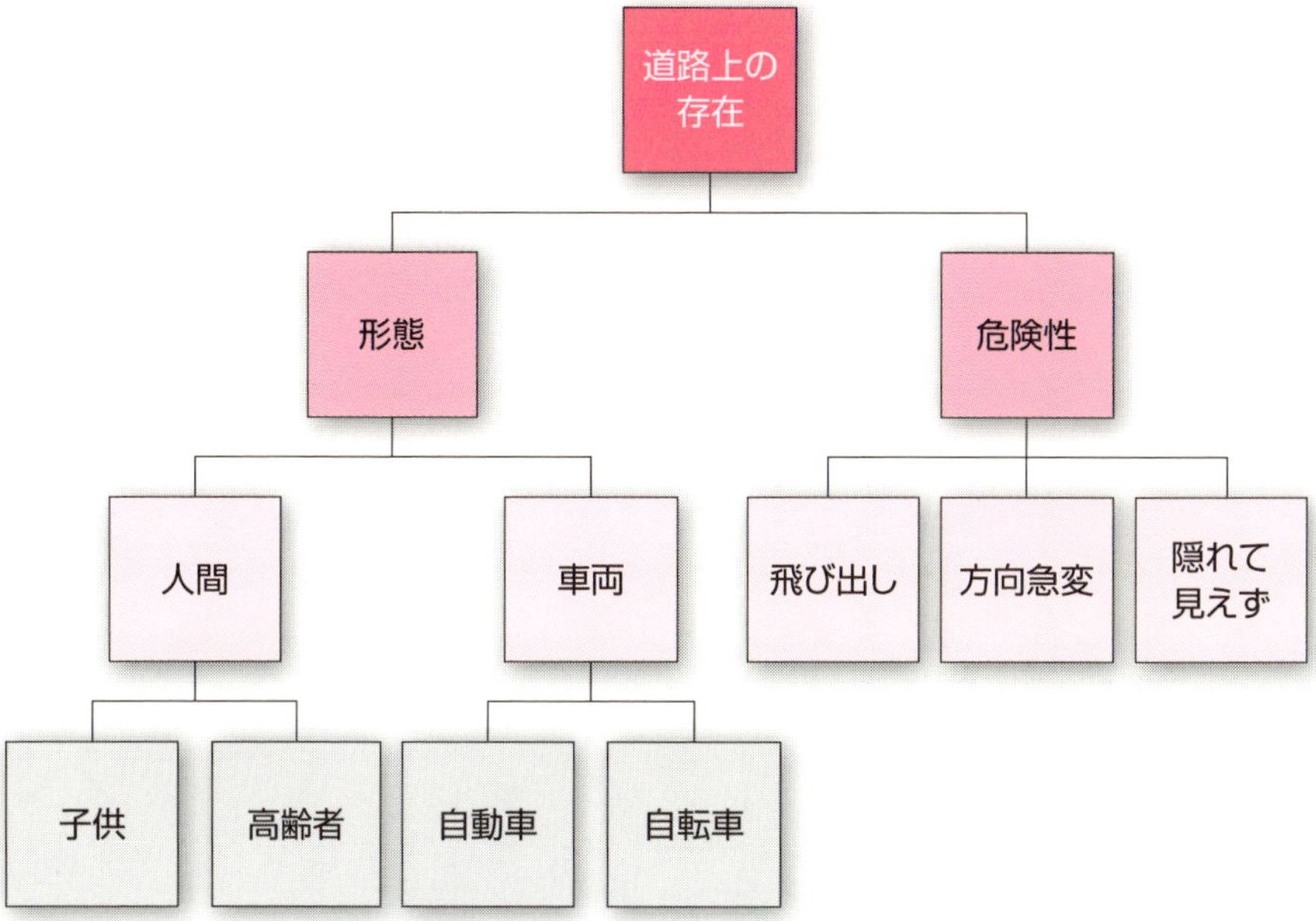

例題 ： 自動運転車に、「この道路を通る時は、子供が多いから気をつけて」と教えたい。

オントロジーが無いと

人工知能は「子供の何に気をつけばいいのか」わからない。また、子供だけを注意して、他の存在は気にしない。

人間ならば

私たちの頭の中には、上のようなオントロジーがある。

　それによれば、「子供」という概念がもつ「危険性」を見ることができて、「飛び出してくる」や「方向を急に変える」ということが書いてある。

　また、「子供」と同種の存在として「高齢者」や「自転車」があることもわかる。

　よって、「子供に気をつけて」と言われれば、「危険性」の欄の事項について注意することだとわかる。

　また、同じ危険性をもっている高齢者や自転車にも注意すべきだと勘が働く。

35 単語の意味をベクトルの形で把握する

「分散表現」で浮かび上がる単語間の関係性

人工知能に単語の意味をわからせることは大変です。例えば、「赤ちゃん」という単語からは、「生まれたての存在」や「かわいい存在」、「か弱い者」といった様々なニュアンスがあります。

人工知能に、単語の意味の多面性を身につけさせる方法として、とくに注目を浴びているのが「分散表現」です。これは、他の単語との類似性を調べることでニュアンスがわかるようにしようというものです。

例えば、「2月」「4月」「梅」「桜」と書かれた4枚のカードがテーブルの上に置かれているとします。意味内容が似ているカード同士が近くになるように配置せよと指示されたら、どうしますか?

「2月」と「4月」は共に月の名前である点で似ています。だから、これらのカードは近くに並べることにします。「梅」と「桜」も共に花の名前ですから近くに置きます。

実は、この作業は単語の意味がわからなくてもできます。「2月」と「梅」という単語が、いろいろな文書の中で一緒に登場することが多いということに気付けば、「両者には関係性があるのだろう」と推測できるからです。

この配置作業に特殊な統計手法を用いると、単語の位置関係により深い意味をもたせることができます。例えば、位置ベクトル同士の引き算が「4月」−「2月」＝「桜」−「梅」という関係をもつように配置できます。このような「意味の計算」が成り立つのが分散表現の面白さです。

分散表現の対象は単語に限りません。例えば、動画であれ音楽であれどんなデータにせよ、その内容をうまく反映する有限個の数字の組み合わせによる表現ができるはずです。

しかし「最適な分散表現が存在するはず」としても簡単にそれが見つかるとは限りません。また、用途によっても望ましい配置の仕方は変わってきます。

要点BOX

- ●意味の関係をベクトルで表す分散表現
- ●意味の差とベクトルの差とを一致させる
- ●「4月−2月」＝「桜−梅」という意味の計算が可能に

注目語とその前後の抜き出し

前文脈	注目語	後文脈
友達が来る度に何とかかんとか	不平	を鳴らしている。吾輩がこの家
そんなに多忙でもなさそうだと	不平	をこぼす。「とにかく近頃の
人が買ってくれないといって	不平	を云うのです。」「こりゃ
からよそうと云うと、細君は	不平	な顔をして引き下がった。
撮って送らぬ容子だ。これも	不平	と云えば不平だが、主人は主人、
容子だ。これも不平と云えば	不平	だが、主人は主人、吾輩は
物もあります」と妻君は大に	不平	な気色を両頬に漲らす。
と思います」と細君は先刻の	不平	を暗に迷亭に洩らす。
気焔を揚げる。まあそんなに	不平	を云わんでも善いでさあ。
あまり存在過ぎるのですでに	不平	なのである。「会社でも一つ

それぞれの単語は自分に縁深い単語をもっている。『吾輩は猫である』から、「不平」という単語が登場する部分を抜き出すと、「細君」や「妻君」という単語がしばしば登場することがわかる。

分散表現の例

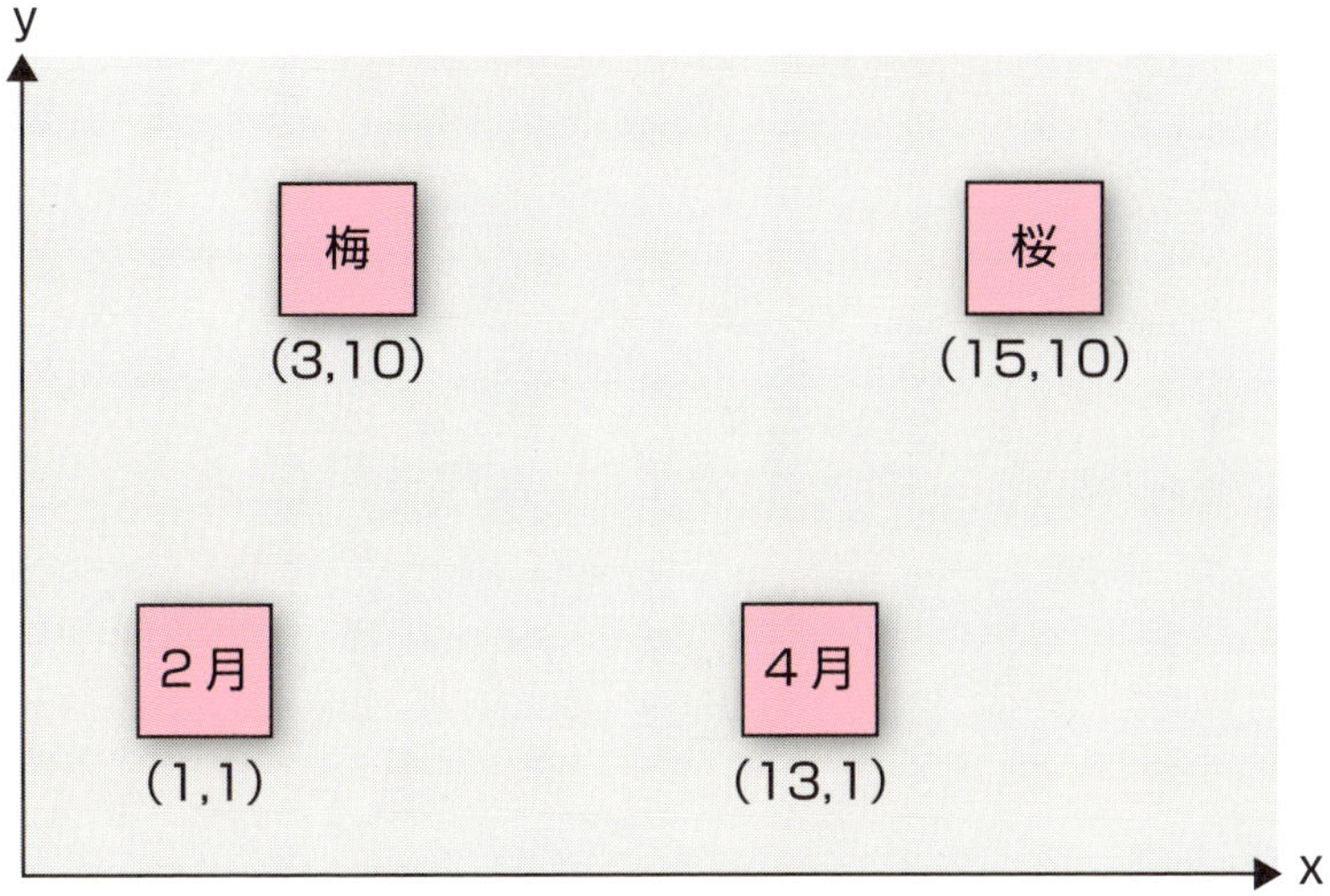

「2月」という単語が位置ベクトル(1,1)に変化されている。「4月」-「2月」=(13, 1) - (1, 1) = (12, 0) = (15, 10) - (3, 10) =「桜」-「梅」という関係が成り立つ配置である。位置ベクトルの計算が、意味の計算になっている。

36 テンソルで関係性と知識を表現する

組み合わせ型のデータで関係を表す

テンソルは「理系ですら、その言葉を聞くと、みんな逃げ出す」と言われるほど難解な印象のある用語です。数学や物理学などでそれぞれ異なる抽象的な定義をされています。

しかし、人工知能の実務の世界では「データの組み合わせとその頻度」という単純な意味で使われます。例えば、あるお店で「カレーと福神漬けを一緒に買うという現象が9回あった」という情報を（カレー，福神漬け）＝9と表すとします。観察をより細かくするため、要素を1個足して、（カレー，福神漬け，豚肉）＝5という形にする場合もあります。このように複数の要素が組み合わさる現象を観察して、その頻度を記録するデータの型をテンソルと呼びます。

テンソルは、知識や関係性を表すことに適しています。例えば、本能寺の変がかつて1回ありましたが、（光秀，殺害，信長，本能寺）＝1というデータで、光秀と信長の関係の知識が記録されるわけです。

テンソルの形で発生回数記録簿を用意すると、しばしば、発生回数がゼロという役に立たない欄が大量にできてしまいます。例えば、（カレー，しらたき，さば）＝0といった無駄な欄が大量に余ることが実用上よく起こります。

こうした、無駄な欄やノイズのデータに惑わされず、「どの商品とどの商品とが一緒に売れやすいのか?」という強い傾向を見抜ければ、販売戦略上役に立つ情報になります。

そのためにテンソルに潜む主要な傾向の部分だけを分解して抜き出す「テンソル分解」という数学的な手法があります。これを使うために、テンソルの形にデータを収めるのです。

しかし、手法があるといっても、大きなテンソルでは、深い分析をするために沢山のデータを集め、膨大な計算をせねばなりません。むやみに大きなデータではいけないのです。

要点BOX

- ●テンソルとは組み合わせを数えるデータ型
- ●テンソル分解で主要な関係を抽出できる
- ●大きなテンソルは計算が難しくなる

顧客の購買行動をテンソルで表した例

客層	商品	時間帯	観測回数
20代女性	カレー	夜	12
30代男性	カレー	夜	6
30代女性	パン	昼	34
30代女性	さば	夜	3
：	：	：	：

観測回数以外の欄が3つあるので「3階のテンソル」と言う。

テンソルは高次元の表になる

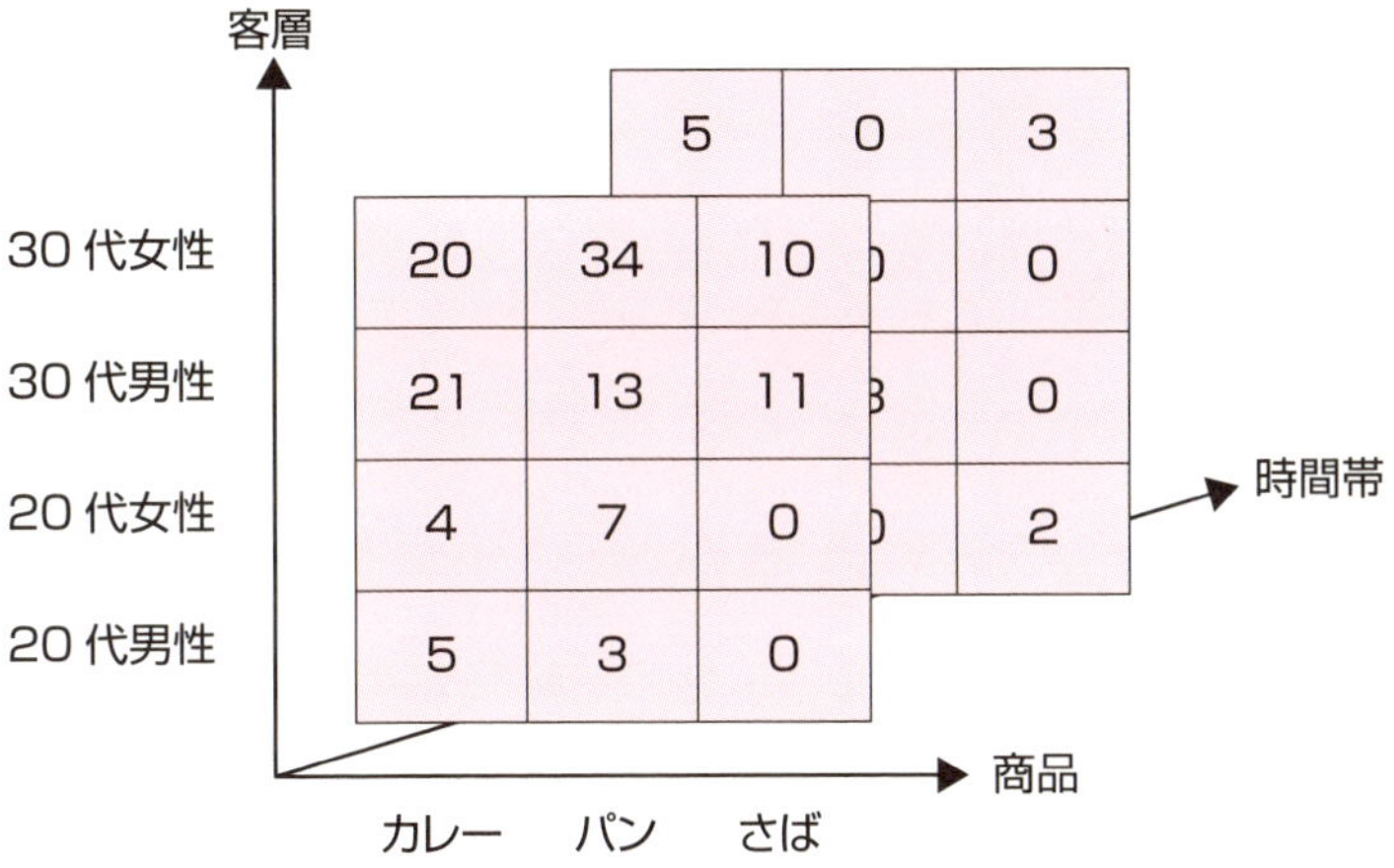

上の図のデータは3階のテンソルなので、各データは3次元で配置される。

テンソル分解によって強い相関関係を見抜く

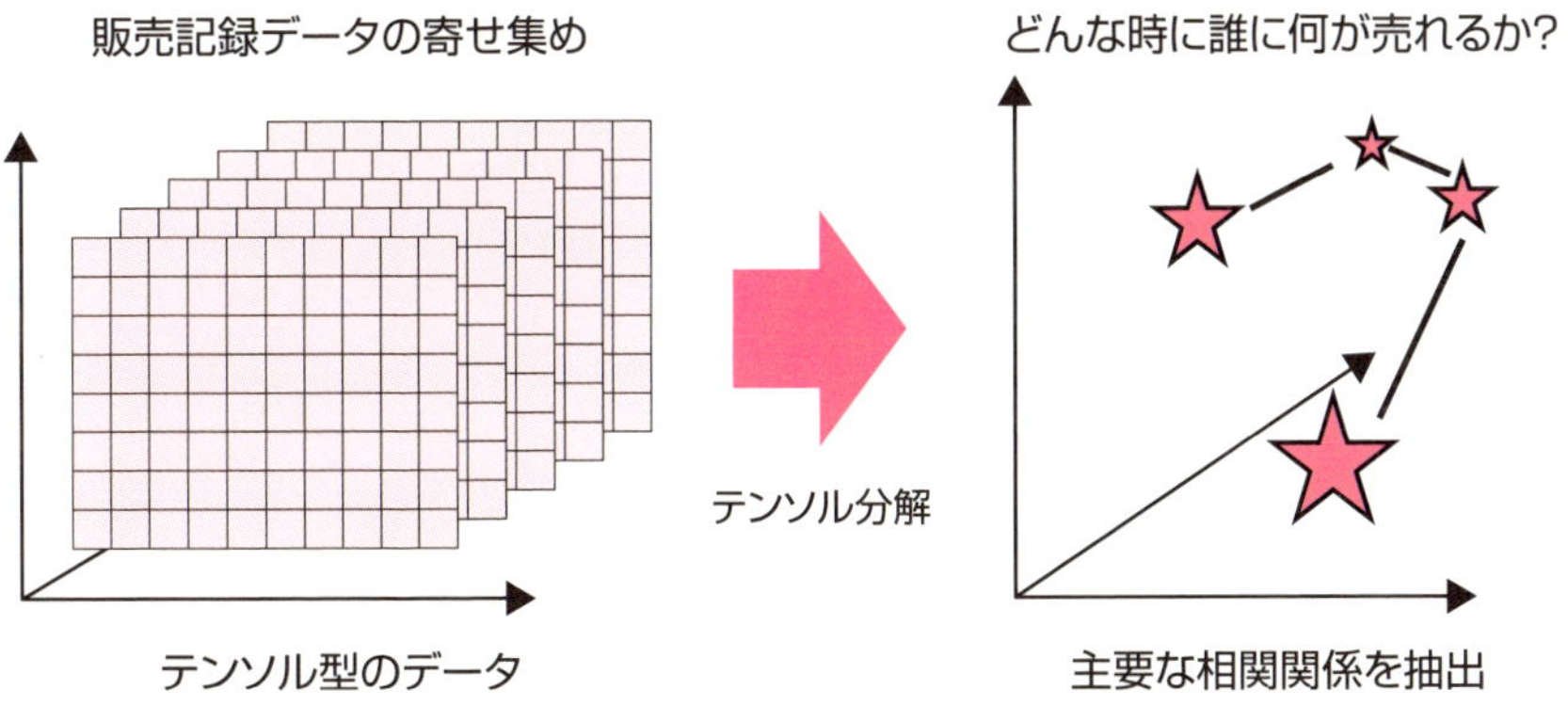

37 ノイズがあっても声を聞き取る技術

隠れマルコフモデルと音声認識

最近、音声認識の性能は急速に向上して、人工知能が人間の声を確実に聞き取ることは当たり前になっています。

音声データや電信データ、遺伝子配列といった長いデータ系列というものは、ノイズによってデータが欠落したり置き換わったりします。とくに話し声は、話し方によって間延びしたり縮んだりします。こういった伸び縮みや欠落・改変の多いデータの認識を支えているのは「隠れマルコフモデル（HMM）」です。

まず、マルコフモデルとは、確率的に状態が変わっていく現象を数学的なモデルで表したものです。例えば、「今日の天気が晴れなら、明日の天気は50％で晴れ、30％でくもり、20％で雨」と考えることはマルコフモデルの一種です。晴・くもり・雨の3状態から成り立っています。

「隠れ」とは、隠れていて観測できない事柄についての状態を組み合わせてマルコフモデルを作るという意味です。例えば、「今日が高気圧なら、明日は80％で高気圧であり、20％で低気圧になる」とモデルを作ったところで、気圧計がなければ、今日はどの状態なのか明確にはわかりません。

しかし、隠れた状態を推測する方法はあります。「高気圧なら50％で晴れ、40％で曇り、10％で雨である。低気圧なら20％で晴れ、30％で曇り、50％で雨である」という情報から、気圧計なしに、天気だけを見て気圧の高低を推定できます。例えば、晴れが10日連続であったなら、10日連続して高気圧だったと考えるのが、モデルへの当てはまり確率（これを尤《ゆう》度《ど》と呼びます）としては一番大きく、おそらくこうだったのだろうと推測できます。

音声認識する際には、識別したいフレーズごとに、その隠れマルコフモデルを機械学習を使って作ります。そして、入力されたデータが、どのモデルに一番当てはまるかを測って識別するのです。

要点BOX

- ●音声認識技術の基本メカニズム
- ●マルコフ過程とは、確率的に状態が移り変わること
- ●雑音があっても一番よい当てはまりを探せる

隠れマルコフモデルの実行例

例題：話し手の声が「いいう」と聞こえた。これが「いう」と「いす」とのどちらかであるか識別せよ。

表1　話し手の状態ごとに、どの音に聞こえるかの確率

話し手の状態	聞こえる音				
	「い」	「う」	「す」	「き」	「ぷ」
「い」発声	65	5	5	24	1
「う」発声	1	60	30	1	8
「す」発声	4	30	60	4	2

(%)

表2　「いう」を識別するための隠れマルコフモデル

		次に遷移する状態			
		開始	「い」発声	「う」発声	終了
現在の状態	開始	0	60	40	0
	「い」発声	0	30	60	10
	「う」発声	0	0	30	70

(%)

表3　「いす」を識別するための隠れマルコフモデル

		次に遷移する状態			
		開始	「い」発声	「す」発声	終了
現在の状態	開始	0	70	30	0
	「い」発声	0	30	60	10
	「す」発声	0	0	30	70

(%)

判定の仕方：数多くの音声データを学習して、隠れマルコフモデル（つまり表1～3の値のこと）を作る。
この表の値に、「いうう」を当てはめてみると、「いう」の方が、「いす」よりも尤度が高くなるので、「いう」と判定できる。

38 自然言語処理の技術要素

今やフリーで使えるようになった高度な技術

かつては自然言語処理の研究ができるのは非常に限られた人だけでしたが、今ではソフトウェアやデータの多くが無料で公開されています。

処理の第一歩は、自然言語データを収集し、前処理をすることです。ネット上にある文書を収集し、文章を単語に切り分け、その品詞を明らかにし、表記ゆれを解決するといった作業を行います。

ここからは大きく2通りのアプローチがありえます。

1つは、文の主語述語といった文法構造を分析し、文の内容を知識データに変換するアプローチです。機械翻訳はこの作業をします。ただ、文法構造の自動判定はなかなか難しい課題です。「青いテーブルの上の本」は「テーブルの上の青い本」と同じなのかは曖昧です。この判定は文章の題材や文脈に依存するので、簡潔なルールにしにくいのです。

判定精度を上げるために、人間がお手本を示して、人工知能に学習させるということが行われます。文のどこが主語で、どこが述語かということを、人間がテキストに注記をして教師データを作るのです。このように注記することをアノテーションと言います。

2つ目のアプローチは、各単語の出現回数の分布といった、文章の数量的な特徴に注目して、統計的な分析を試みることです。

ある文書の中に、「卵」という単語が5回、「砂糖」が2回、「だし」が3回出現するとすれば、その文書はおそらくだし巻き卵について語っているのでしょう。内容が類推できる特徴的な単語を、人工知能が見つけられれば、その内容も扱えるわけです。

本格的な自然言語処理をするには、大型計算機の専門家の協力が必要になります。各単語の出現回数がずらずらと書き連ねられたデータに、大量の機械学習や統計演算をするという処理になりますが、これは平凡なハードウェアやソフトウェアでは取り扱えません。

要点BOX

- ●テキスト収集から知識抽出までの多段階処理
- ●文の構文を精査する方式と統計的方式
- ●計算機科学の力量が必要

アノテーションの作業例

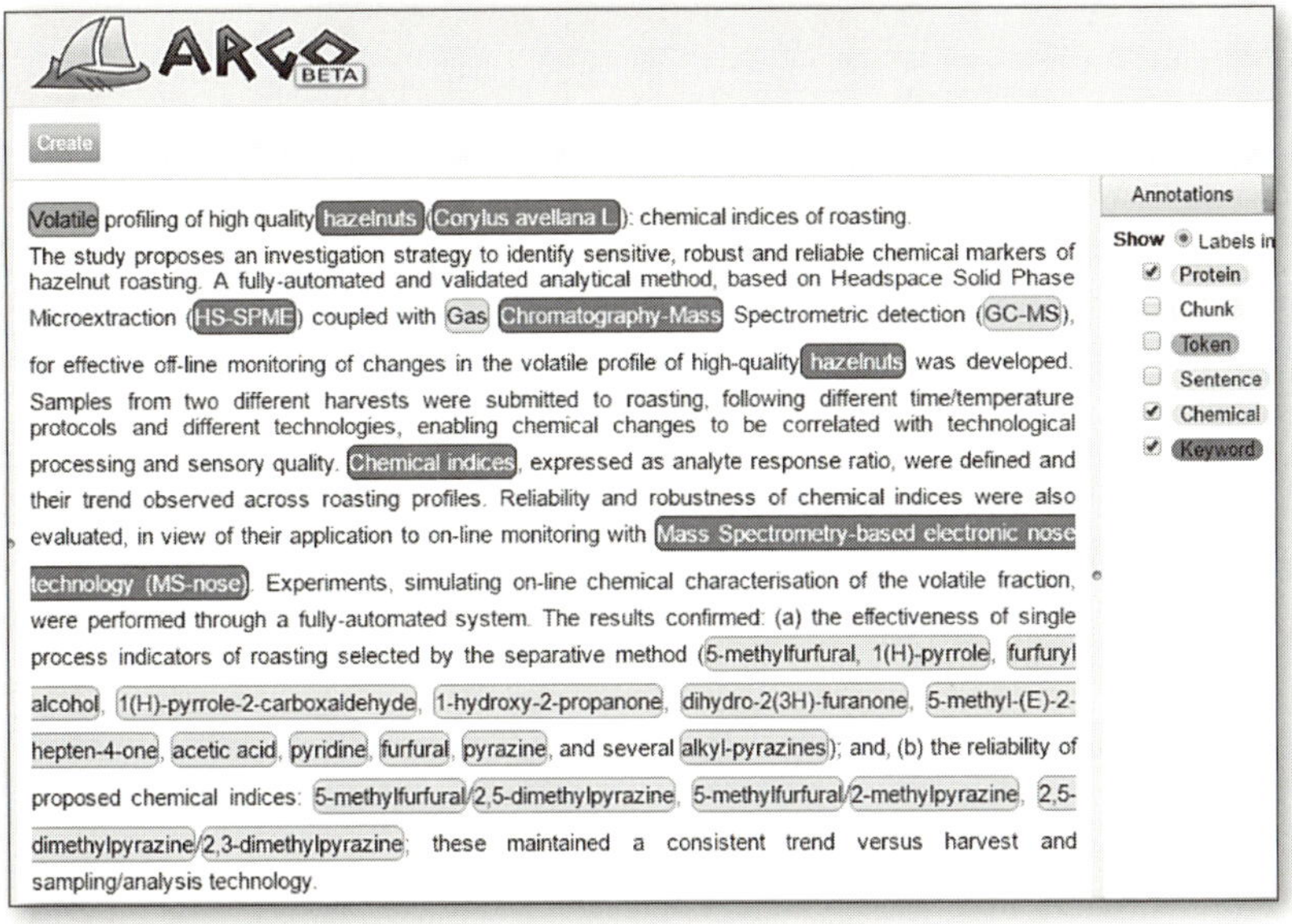

人間が文の各単語の解釈を記入して、手本データを作る。
(英国·国立テキストマイニングセンター(NacTem)のARGOシステムの作業画面)

TF-IDFとは

各文書の内容を特徴的に反映する単語を見つける指標の代表例であり、次のように計算される。

TF-IDF = (Term Frequency)×log(Inverse Document Frequency)

上の式のTerm Frequencyとは、その文書の中で、ある単語wが出てきた回数。
Inverse Document Frequencyは、全文書の個数÷全文書中で単語wを含む文章の個数。

TF-IDFの値が大きい単語ほど、その文章の話題を強く反映すると期待できる。
例えば、野球の新聞記事は、「三振」という単語の登場回数(TF)が高い。また、一般の記事の中に「三振」の単語はあまり登場しないので、IDFは大きい。よって、野球記事における「三振」のTF-IDFは高くなり、それが記事の内容にとくに関係するものと推定できる。

39 広がる自然言語処理技術の応用先

大量に読むことができる人工知能の新しい役割

自然言語処理研究の本流は言語学な研究、とくに機械翻訳ですが、ネット社会を観察するという社会学的な新たな役割が広がりつつあります。

二〇〇一年の同時多発テロは多方面に影響を与えました。その1つとして、自然言語処理技術の研究を促進するという結果ももたらしています。

テロリストやそのシンパも、日々インターネットで会話しています。その中にはテロの計画について重大な情報が含まれているかもしれません。しかし、インターネット上の通信を傍受できたところで、量があまりに多すぎて何もできません。「爆破するぞ」とあからさまな言葉を使って会話する間抜けなテロリストはいませんから、単純な単語検索ではダメなのです。

そこで、人工知能に会話データを読ませて、誰と誰が、どんな話題について会話をしているか深い分析させようという研究の需要がわき起こりました。

また、政情不安の国ではしばしばテロの噂がマスコミやソーシャルネットワーキングサービス（ＳＮＳ）に流れてきます。しかし、その多くは不確かな情報です。信用のおけないニュースソースは、事実関係で間違った内容をしばしば発信するものです。人工知能が事実の確認（ファクトチェック）を行って、情報の信頼性を評価するという応用がEジャーナリズムとして注目を集めています。

言語データは、他の情報とは違う特殊な地位を占めています。「どんな情報や知識でも言語である程度は表せうる」という点です。絵の情報を音で表すことは難しいですが、言葉で説明することは、完全ではないにしても、できます。とすれば、あらゆるデータの意味内容を文章に変換できるでしょう。仕事や生活の上で接するデータは、動画や音声、数値などバラバラで異種の形を取りがちです。言葉の形に統一して総合し思考の材料にするという役割でも自然言語処理技術は応用を期待されています。

要点BOX

- テロ対策がテキストマイング研究を後押し
- 機械翻訳という王道から、ネット上の言葉の処理の応用まで

自然言語処理技術の応用先の例

用途	説明
不穏な社会現象の検出	ネット上の会話で、いじめやテロの準備などが行われていないか判定する。
マーケティング、ビジネス情報管理	「お客様の声」や「作業日報」といった仕事に関する大量の文章データから、商機や改善策を見つけ出す。
音声対話システム	人間と会話して質問に答えるシステム。すでにスマートフォンに搭載されている。
生命科学でのパスウェイ発見	個別の論文は短い単純な反応しか報告していないが、複数の論文の知見を組み合わせると、大かがりで有益な反応の道筋（パスウェイ）を見つけられる。
Eジャーナリズム	ニュースは歪んでいることが多いので、ビッグデータを基に、ニュースの事実確認（ファクトチェック）を行う。
論文盗用の検知	いわゆるコピペを検出する。単なる単語分布の一致度を調べるだけでなく、単語は違っても、意味内容の点で同一性があるか判定することが課題。
異種データの統合	画像、動画、音声などの様々な形態のデータを、人工知能が解釈し、言葉で表現する。これにより異種のデータでも統一的に内容を把握できる。

40 人工知能は画像をどうやって理解しているか?

膨大な画像群を記憶して利用する

人工知能による「画像の理解」を正確に意味づけることは難しいのですが、写真に何が写っているかを言葉で説明することは画像理解の一例です。例えば、ネコが写った画像を入力すると、「ネコがいる」と答えることができます。

人工知能が画像を理解するためには、まず画像をコンピュータに取り込む必要があります。画像データは数字の並びです。1枚の画像は画素と呼ばれるたくさんのドットの集合体であり、それぞれのドットは対象の明るさを数値で表現したものになっています。

人工知能は、そのような数字の列からどのようにして写っているものを認識・理解するのでしょうか。実は、人間と同じように人工知能にも「記憶」装置があるのです。これはちょうど図鑑や辞書のようなもので、世の中の事物を撮影した膨大な画像群とその内容を表した言葉がセットになって保管されています。ただし、画像を単にそのままの形で記憶するのではありません。例えばネコの画像では、ネコを構成する丸い目や三角形の耳、細長いヒゲなどの部分的な要素、あるいはそれをさらに分解して、斜め線や横線といった図形の形や明暗をうまくデータ化して記憶しています。これを「学習」と呼びます。

次に、提示画像を学習された辞書データと照合し、比較することによって、被写体が辞書内の何と似ているかを決定するのです。画像の要素を記憶しているので、学習の時と異なるポーズをしているネコであっても、あるいは別のネコが写っていても、それがネコであると判断できるのです(図1)。

人工知能による画像理解の分野では、今後さらなる大きな進化が期待されています。例えば、画像に写った人間の動作やその目的、あるいはその時の人間の感情といった心の状態をも読み取ることができるのではないかと考えられています(図2)。

要点BOX

- ●数値の並びとしての画像データを扱っている
- ●画像を様々な要素に分解・集約して効率よく記憶
- ●画像に写っているものの名前や状況を説明できる

図1 画像理解の仕組み

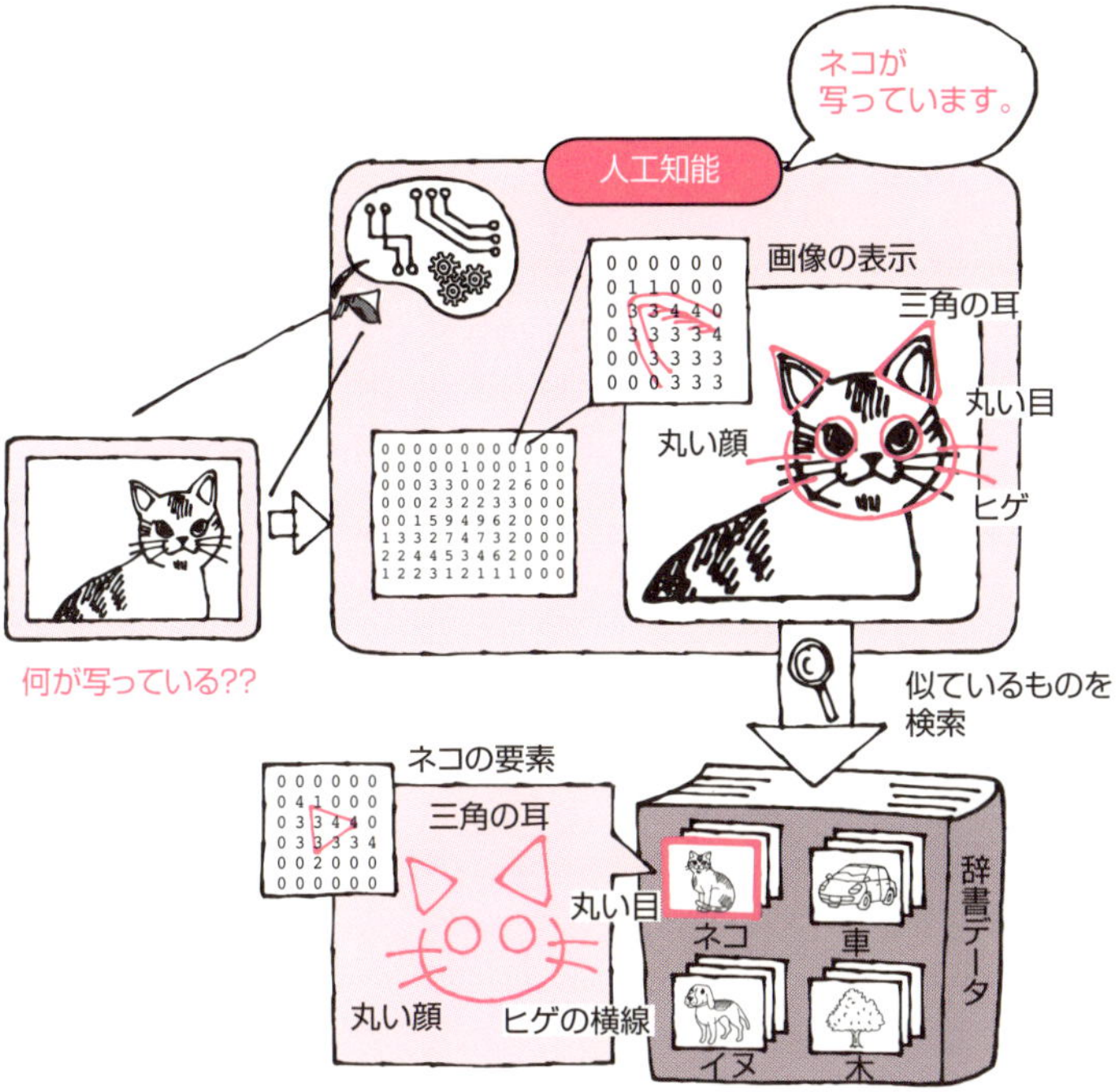

図2 より複雑な状況を理解できるように開発が進む

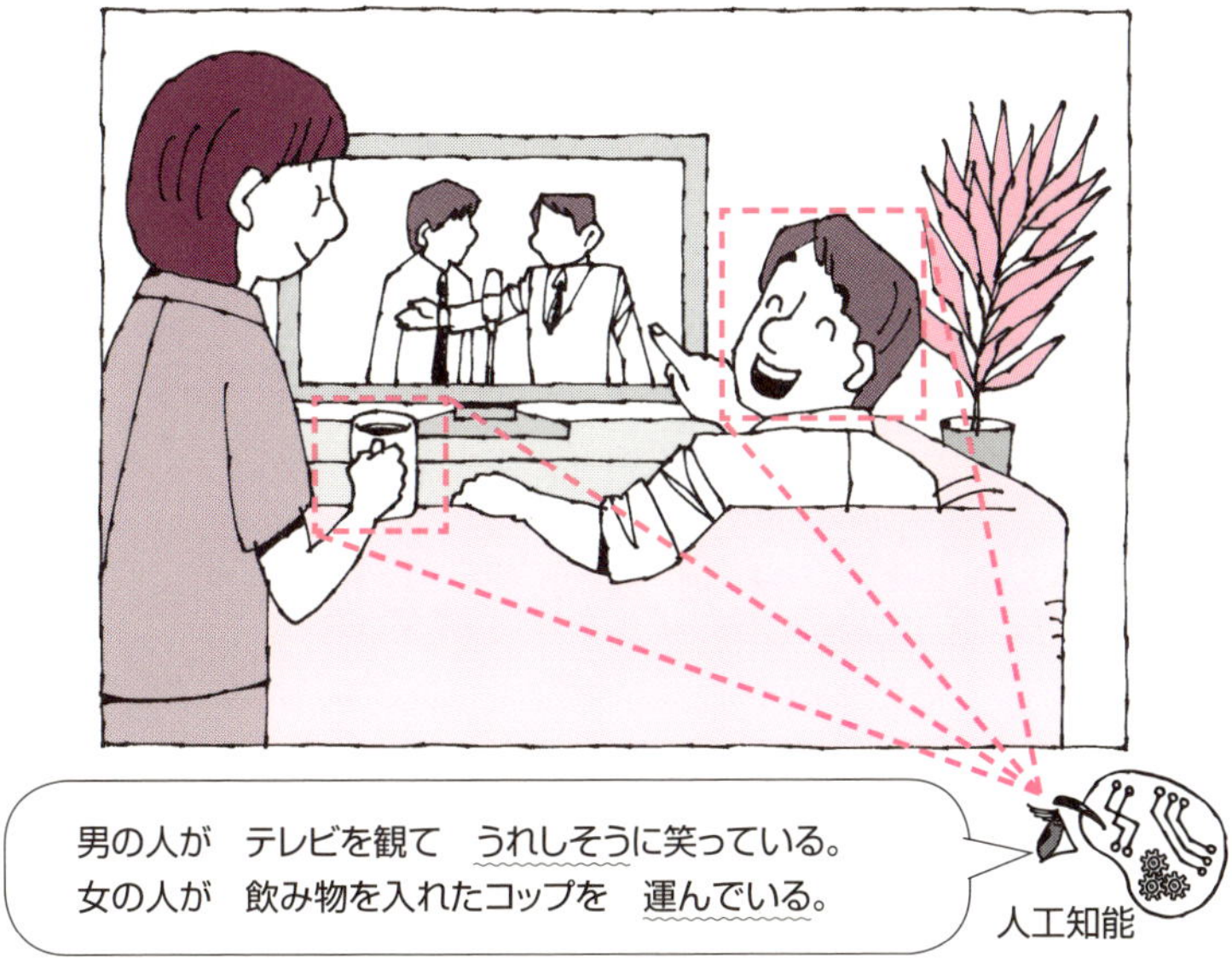

41 人工知能とサービスシステム設計

社会の中で活きる人工知能の実現のために

　人工知能は、私たちの生活や仕事の営みの中で適切な役割を与えられることで、その能力を発揮することができます。例えばどんなに優れた人工知能があっても、その技術に関わる人の行動や期待に対する導入する側の理解が十分でないと、十分に効果を発揮できなかったり、利用者の反発を招いたりする恐れがあります。人工知能の導入にあたっては、関係者の行動や考え方を正しく理解し、人工知能を導入した後に起こりうる人の生活や仕事に対する影響にも十分に配慮する必要があります。

　このためには、人と人工知能を含む技術を別個のものとして考えるのではなく、相互に関連し合う1つのシステムとして捉えることが大切です。この考え方は、20世紀後半に北欧を中心に広まった概念ですが、人工知能をはじめとした情報技術が人や社会に与える影響が大きくなるにしたがい、改めて注目されるようになっています。とくに近年、人や技術、それらの相互作用を通じ、価値を生み出す仕組みは、「サービスシステム」と呼ばれています。人工知能技術の開発・導入は、その人工知能を含むサービスシステム全体を設計する、という観点から進めていくことが大切です。サービスシステムの設計は、そのシステムの中で関係する人がその設計プロセスに積極的に関与・参加して進めていくことが重要であると考えられており、その参加の方法についても各方面で研究が進められています。

　また、サービスシステムの設計にあたっては、人工知能を導入することによる、直接的な関係者、さらには社会に対する影響の評価・分析も重要な課題です。近年、ＥＬＳＩ（Ethical, Legal and Social Issues：倫理的・法的・社会的課題）に対する配慮の重要性が指摘されており、人工知能技術を開発し社会に導入する際には、その影響を適切に考慮することが今後さらに求められていきます。

要点BOX

- ●関係者の行動・期待・考え方の理解が不可欠
- ●人工知能と関係者を一体と捉える
- ●関係者の参加方法、社会的影響の評価が課題

人間と人工知能が一体となったシステムを設計する

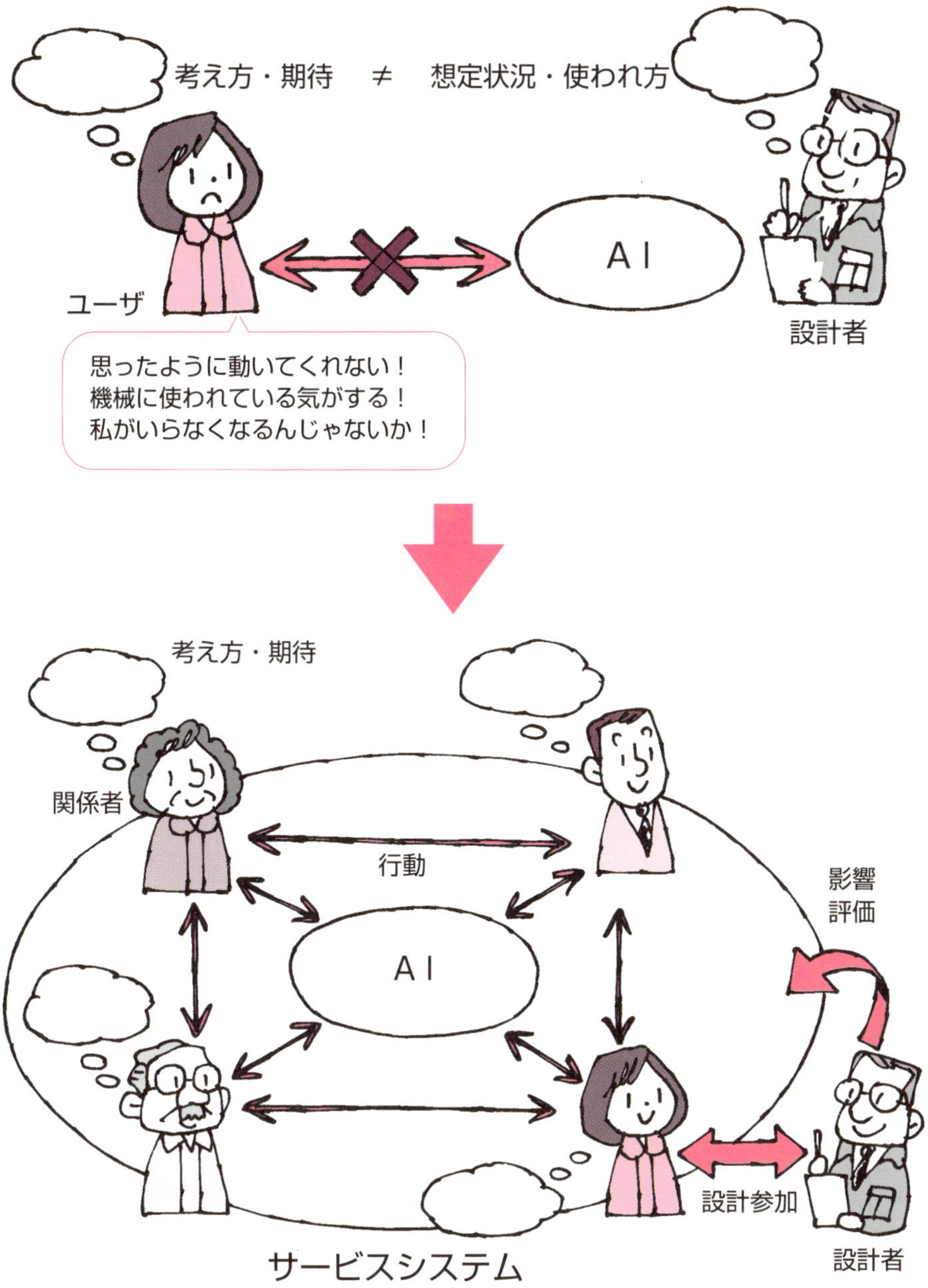

42 人工知能が運動の質を理解し健康増進を支援

指導者の能力を倍増させる

近年、介護・医療コストが増大しており、日常的な運動で健康増進を進めることが重要になっています。しかし、動きの質が悪いと返ってケガをしてしまったり、なかなか上達しなくてやめてしまう場合もあります。これは、人の運動が複雑な多関節運動であり、指導者にとっても目標とする動きをわかりやすく客観的に伝えることが難しいことが一因です。

指導時には動き方のポイントやイメージを言葉で説明しますが、言葉の表現は人によって異なりますし、ある1つの動作を表現するために、何通りもの言語表現があります。また、同じ表現で説明されても生徒によって受け取り方が異なります。

そこで、明確な指導を実現するために、動きに関する言語表現を客観的な運動量で記述する試みが始まっています。例えば歩き方1つでも、「蹴って乗るのではなく、スムースに!」と指導しても、生徒にはわかりにくい場合があります（**図1**）。そこでモーションキャプチャや筋電センサなどで、生徒の動きと理想的な動きを計測し分析すると、言葉の意味も明確になります。言葉と動きの関係を大量に集め、人工知能に入力します。これにより人工知能は指導者に対して、生徒がわかりやすい言葉や適切なデータを推薦し、指導効率を高めることができます。

また、練習現場でも簡単に動きの質を計測する技術も開発され始めています。例えば、Axis Visualizerは、歩行や日々の動きに頻繁に含まれる体幹ひねりの質を簡易計測するアプリです。生徒は練習時に指導どおりの動きができているか確認でき、指導者も生徒の練習時の動きを把握することで、指導効果を向上することができます。

このように人工知能により、指導者の能力を何倍にも拡張し、低コストで高度な指導が普及することで、ケガ予防と上達促進、結果として健康寿命の延伸と介護・医療コストの低減を実現するのです。

要点BOX

- 複雑な身体の動きの質に関する知識を分析
- 明確で体系的な指導で怪我予防、上達促進
- センサと人工知能により指導者が見守り

図1 複雑な身体の動きの質に関する知識を分析

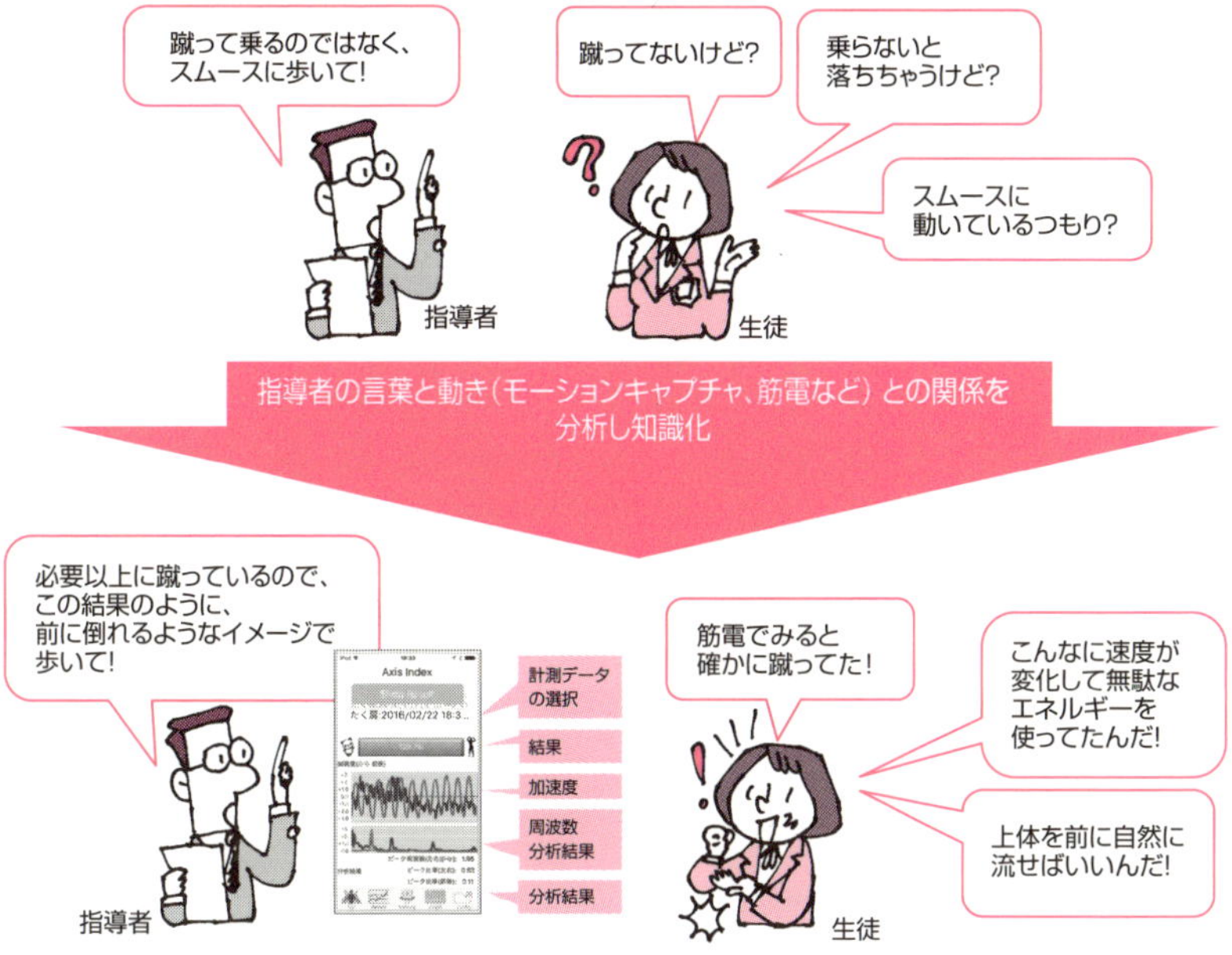

図2 知識表現例

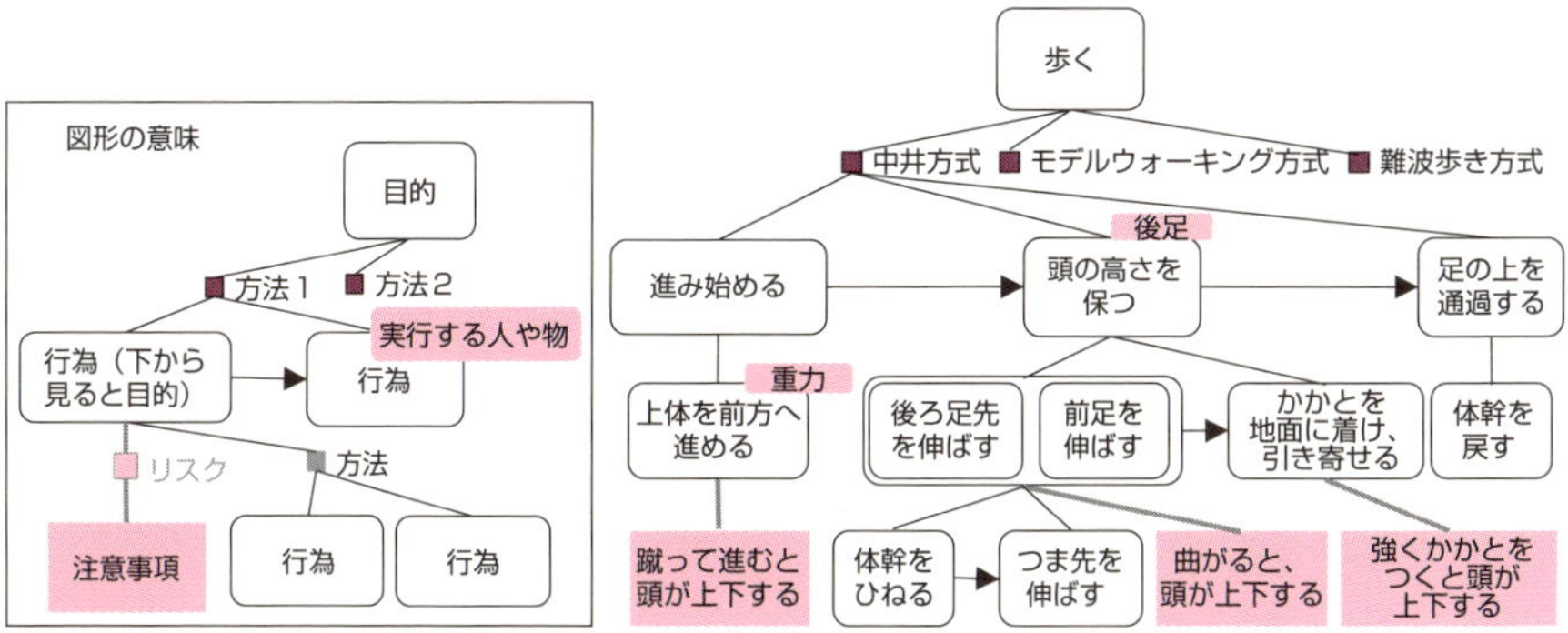

ちなみに、
理想的な動きは、身体を傾けることで重力で加速し、体幹から足先まで使って頭の高さを保つこととされている。
例えば、歩行時に後ろの足を必要以上の力で蹴ると、大きく加速し頭が上下する。
また、前足着地時に、前足のかかとを強くつくと減速してしまう。その後再度蹴りだせば
速度は戻るが、速度変化が大きく非効率で身体への負担が大きい動きとなる。
(指導：ダンスジャルダン大森山王ステューディオ　中井信一、理恵先生)

43 業務知識を学び従業員を支援する

人の能力を向上させる人工知能

人工知能が業務を支援するためには、人間の知識を人工知能もわかるようにする必要があります。業務に関する知識は、宣言的知識と手続き的知識の2種類に分けられます。手続き的知識は業務プロセスや機械が動くプロセスなどを指し、業務上の問題解決に直接役に立ち、人工知能が業務を支援するためにも利用しやすい知識です。例えば、高齢者をベッドから車いすに移乗するときの手続き的知識を学ぶことで、人間なら移乗介助の方法に対する理解が深まり、人工知能なら移乗介助の手順や注意事項を介護職員に教えることができます。

知識を目に見える形で表現することは従業員と人工知能の双方に役立ちます。これを知識表現と呼びます。手続き的知識は**図1**のような順序指向の表現方法をとることが多いです。これは、次に何をするかに注目するもので、従業員が次に何をしないといけないのかを理解したり、人工知能が従業員の業務の漏れを指摘したりすることに有用です。

従業員の能力が向上するためには、次に何をするかだけではなく、目的や理由を理解することも重要です。**図2**は目的指向表現という表現方法で、目的を含めて手続き的知識を表現したものです。このような人間や人工知能にとって必要な知識を表現する方法を研究することも人工知能研究の一部です。

表現された知識を人工知能が活用して従業員を支援する技術もありますが、知識表現を通して、従業員の能力を向上する研究[1]もあります。例えば知識発現という方法は、知識の共通部分を基盤として、業務の現場でよく使われる知識を従業員が主体的に表現する方法です。その過程で、従業員同士で知識共有が促進され従業員の能力向上に貢献します。表現された知識を人工知能が理解することで、業務漏れの指摘や、従業員教育などの業務支援につながります。

要点BOX

- ●宣言的知識と手続き的知識
- ●従業員と人工知能のための知識表現
- ●従業員の能力を向上する人工知能技術

図1 褥瘡（床ずれ）を予防する手続き的知識（順序指向表現）

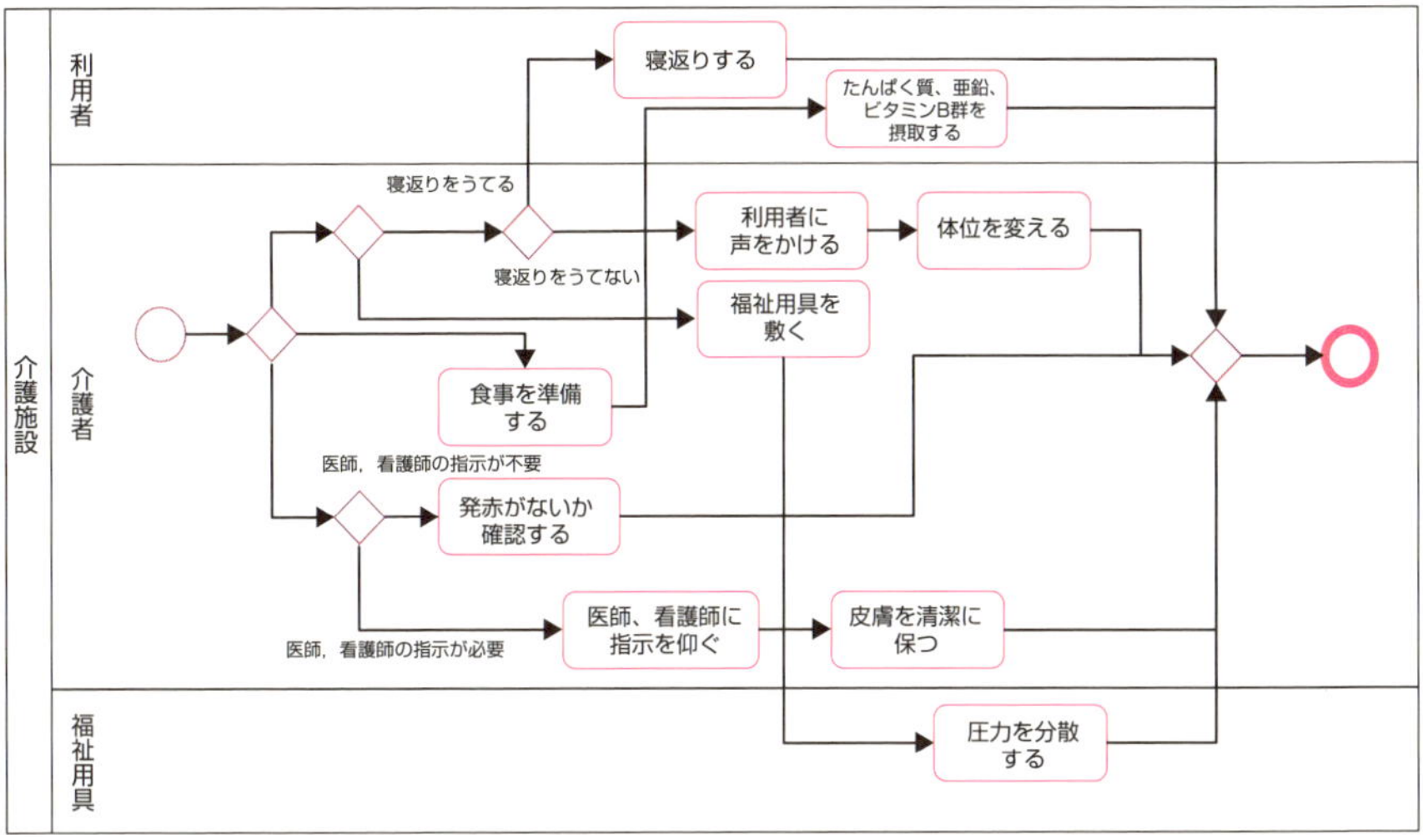

図2 褥瘡を予防する手続き的知識（目的指向表現）

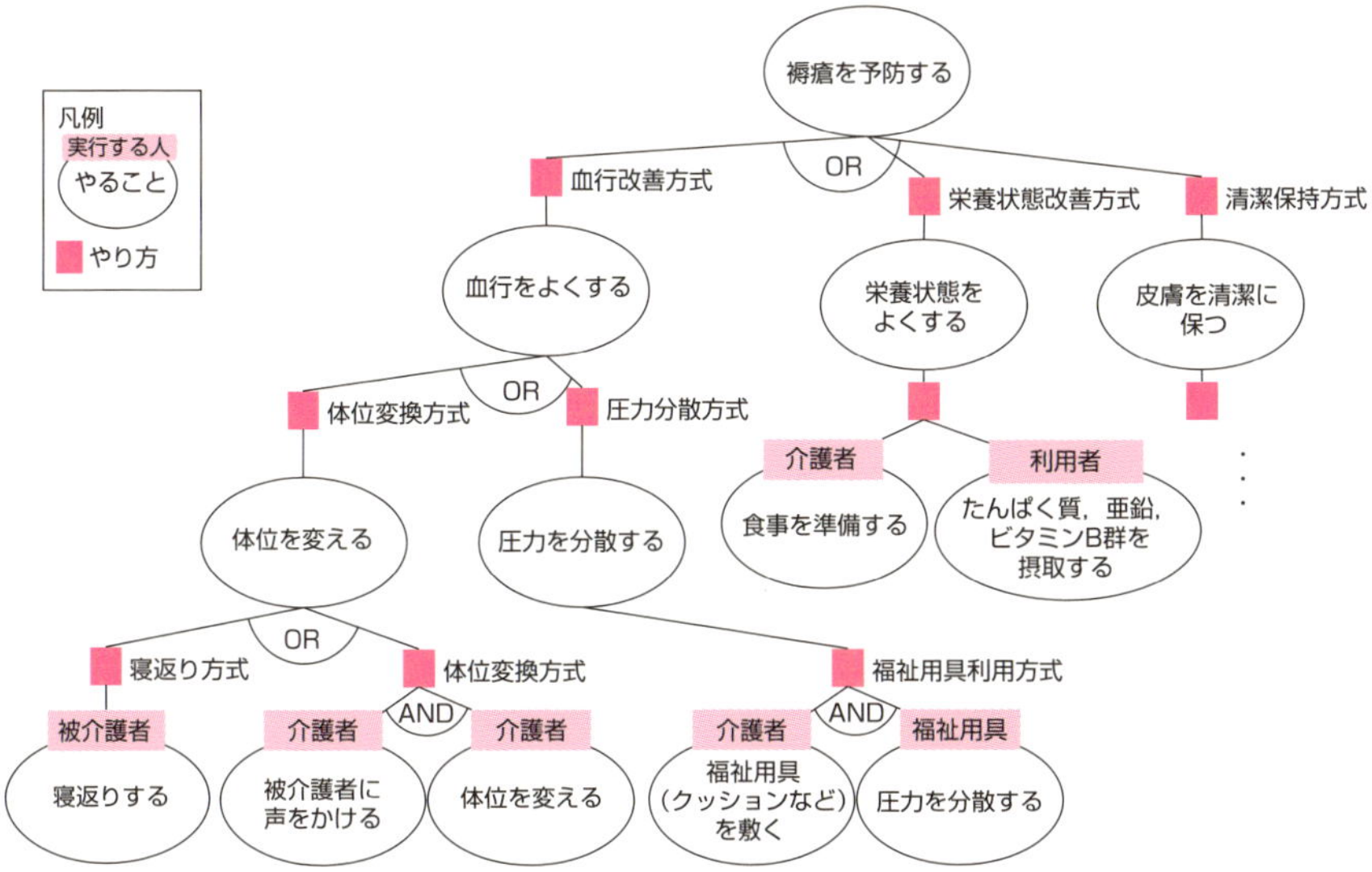

[1] 西村悟史、大谷博、畠山直人、長谷部希恵子、福田賢一郎、來村徳信、溝口理一郎、西村拓一: 現場ごとの多様な介護業務プロセス知識の獲得方法の検討、第28回　知識・技術・技能の伝承支援研究会、SIG-KST-028-04、(2016)

44 ロボットの行動規則を試行錯誤で学習する人工知能

大域的な試行錯誤から局所的な試行錯誤へ

人が行う様々な作業を代行・補助してくれるロボットには、多様な環境や状況に応じて、適切な行動を計画・実行できる能力が必要です。しかし、環境の多様性に加え、ロボットの形態も様々なため、人手により行動を教示する、もしくはコンピュータプログラムを作成するのは大変です。では、評価者（人もしくはコンピュータ）から与えられる評価値（報酬）のみを手がかりに、ロボットが試行錯誤的に適切な行動を学習する、というのはどうでしょうか。そのような行動学習のために用いられる人工知能に強化学習と呼ばれる技術があります。強化学習の歴史は古く、1890年代の心理学や1950年代の制御工学の研究に端を発します。

強化学習の仕組みを解説します。今、「行動規則」「ロボット」「環境」の3つの要素をもつシステムを考えます（**図1**）。まず環境におけるロボットの「状態」をセンサで取得します。その状態に基づいて行動規則にしたがって行動を決定し、ロボットはその行動を実行します。その結果の評価値として報酬を環境から受け取り、より多くの報酬を得るように行動規則を学習していきます。賢い行動規則を学習できるポイントは、行動を取った直後に得られる報酬だけでなく、将来得られると期待される報酬まで考慮することにあります。

従来では、様々な状態や行動を経験するように「大域的な試行錯誤」を行っていたため、長時間ロボットを動作させる必要がありました。一方、最先端の研究では、事前に上手く絞り込んだ状態や行動だけを経験する「局所的な試行錯誤」によって、短時間ロボットを動作させるだけで複雑な行動規則でも学習できるようになってきました。この技術を応用し、ゴム製の空気圧人工筋肉をもつ複雑なロボットハンドが、80回程度の練習でボトルのキャップを器用に回す行動規則を学習できました（**図2**）。

要点BOX

- ●将来得られる報酬が最大となるように行動規則を試行錯誤で学習
- ●探索範囲を絞る「局所的な試行錯誤」による学習

図1 強化学習システムの概要

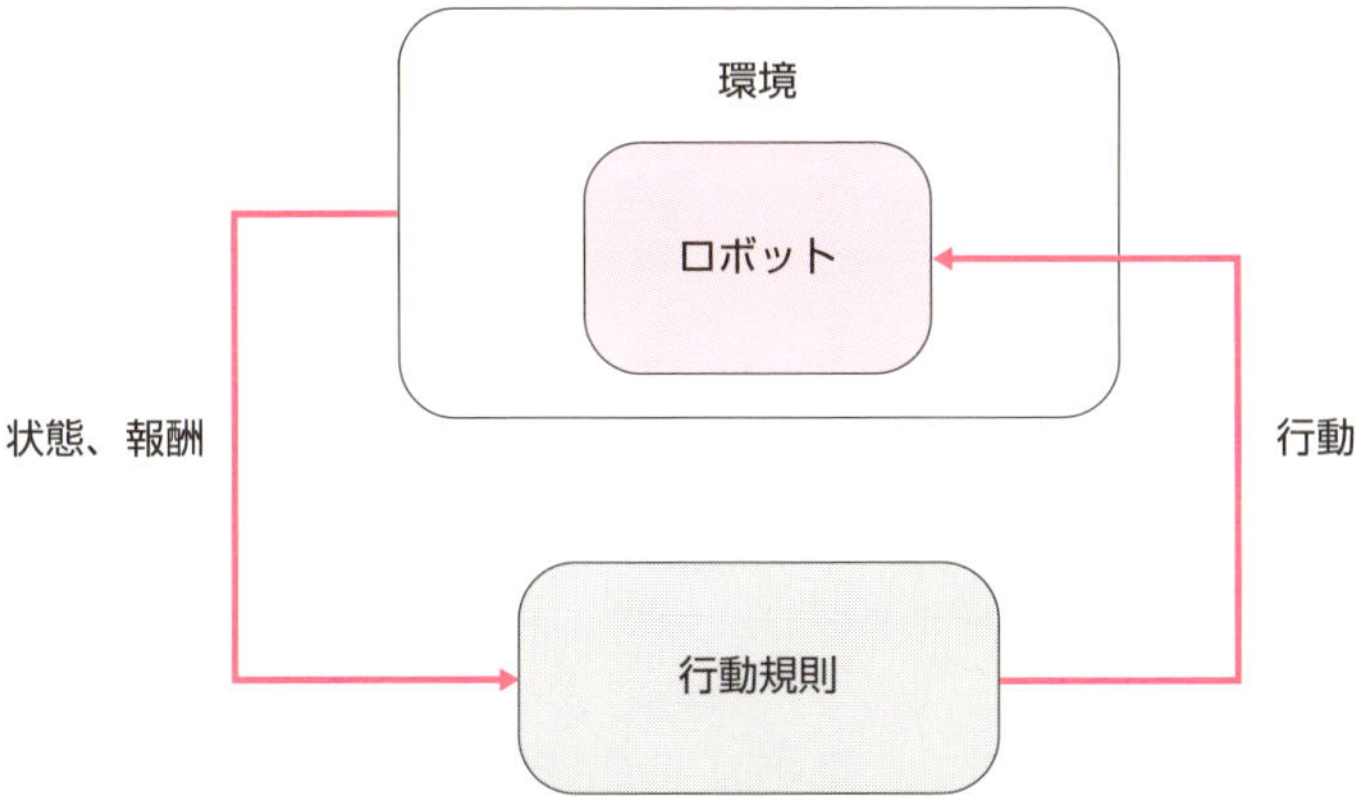

図2 ボトルのキャップを器用に回す行動を学習したロボットハンド

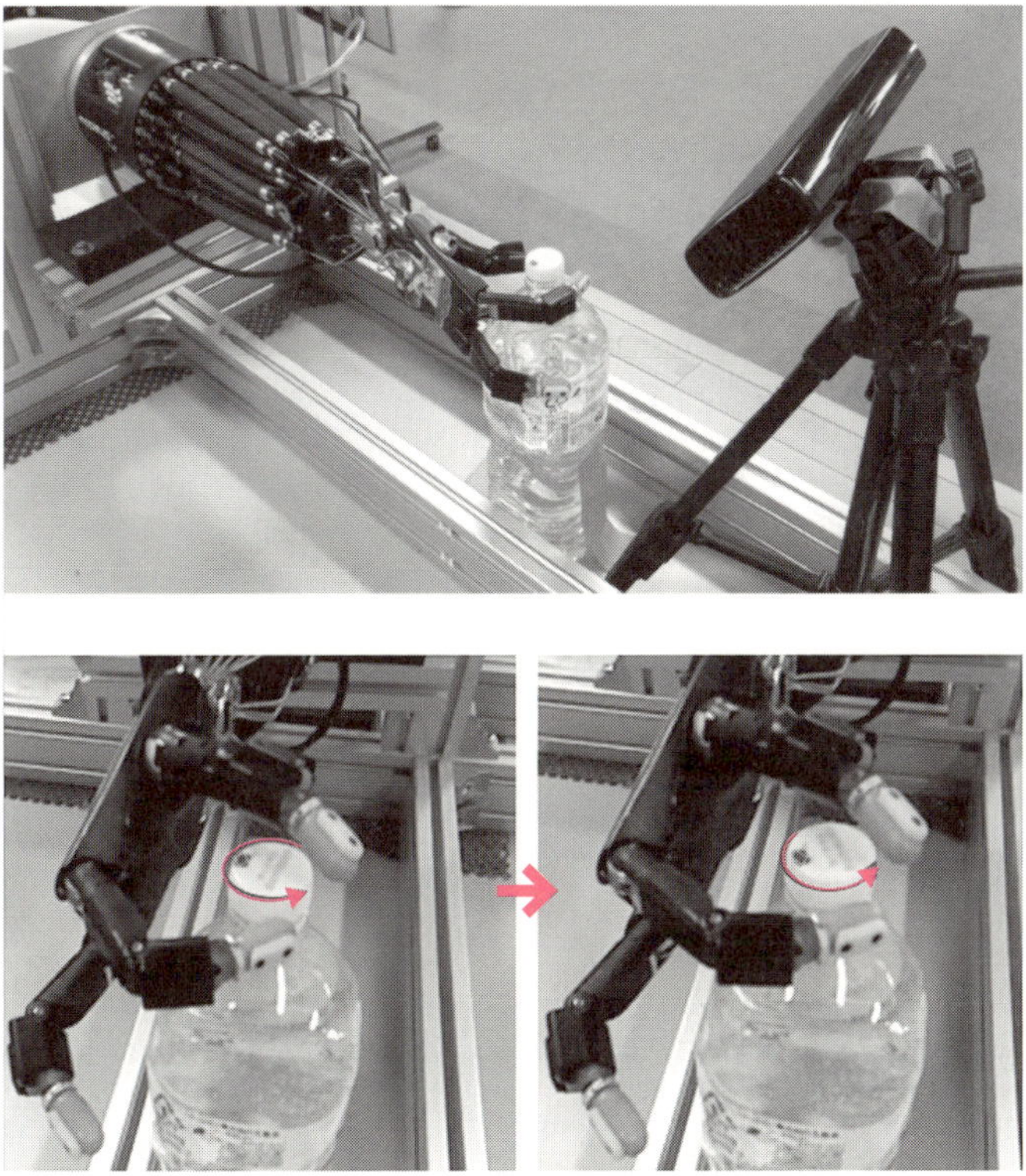

Column ❹

人工知能研究者になるには?

学ぶということには2つのタイプがあります。1つはある分野を深く追求していく縦型。もう1つは学際性を強めた横型。人工知能を研究していくためには、横型であることも強く求められます。

なぜなら、人工知能技術は、計算機科学、哲学、言語学など様々な学問が絡んでいるからです。応用分野も多岐にわたっています。そのため、自分の専門以外の分野への関心を高くもち、自身の研究に取り入れる「開いた感性」が重要となってきます。

もう1つ、人工知能学とはどういう学問かということに関して重要なことがあります。それは人工知能学が「作っていく科学」であるということです。学問とは、まず真理があってそれを追求していくことが基本的な方向です。例えば人間の知能を脳科学で解明したいという道を選んだ場合、脳の機能や仕組みを客観的なデータで解明するというところが大きなゴールです。

人工知能学では、解明された事実を基に、実際にそれを作るという方向になります。脳科学から得た知識で何ができるか考えることが重要になってきます。

また、世の中の様々な事柄に目を向け、それらを理解することも求められます。「もっとこうすれば面白いのではないか」「便利になるのではないか」と考えを巡らせることに面白いと感じられることが重要です。

つまり、人工知能学とは、これからの社会をどう設計していくか、という広い視点に立った創造的な学問であるということです。「今、こういうサービスがあるけれど、このようなアイデアと組み合わせれば、もっとよくなるのではないか。しかしそのアイデアはまだ世の中にないから作っていこう」という姿勢です。真理の追究もしつつ、新しいものを生み出すことを面白いと感じられるような人が人工知能研究者に向いています。

このように人工知能研究者になるためには、幅広い学問分野に関心をもち、世の中を観察し、自ら社会を設計していきたいと思う姿勢が重要です。

第5章

ディープラーニングは何がすごいのか?

45 ディープラーニングを支える自己符号化器

多層のニューラルネットを一層ごとに作る

ディープラーニング（深層学習）の「ディープ」とは、ニューラルネットの層が多いということです。ニューラルネットは、入力層に入ってきたデータを、簡単な計算をして、次の層に渡し、それをまた計算して次の層に渡していくことで、最終的には高度な判定をするものです。例えば、ネコの画像データが入力層に入れば、ネコが映っているか否かを判定するといった賢い働きをすることが目標です。

しかし実際は、多層すぎると使い物になりませんでした。ニューラルネットは判定が適切になるように、途中の計算を機械学習で調節していくのですが、モデルの図体が大きいと、どの設定をどう直すべきなのか、機械学習でもわからなくなるのです。

そこで、一気に多層を作るのでなく、一層ずつにうまく学習ができたニューラルネットを作って、それを積み上げるという方法が発明されます。

図1のような、砂時計型ニューラルネットを組み、出力層が入力層と同じ数値を出すように、機械学習を繰り返します。つまり、入れたデータをオウム返しするネットワークであり、これを自己符号化器と言います。オウム返しさせる機械学習は比較的簡単です。自己符号化器では、情報は狭い層をくぐらされ、つまり少ないデータに圧縮されています。入力データに含まれる冗長なデータ、要するに「ごみ」を落とすことができます。ごみを取り除く下ごしらえをしてから、高度な判定を行うネットワークに入力すればよいというわけです。この流儀で下ごしらえを繰り返し積み重ねることができます。こうして今までにない多層で、高度な判定ができるニューラルネットが登場しました。これがディープラーニングです。

要素技術は１９８０年代からじわじわ進んでいたのですが、ビッグデータが手に入るようになった２０１０年代に入ると、様々な実用化成功事例が登場し、センセーションを巻き起こしました。

要点BOX

- 「ディープ」の意味は多層であること
- 多層だと機械学習が進まなかったが、その困難を克服する手法が発明された

図1 自己符号化器の構造と機能

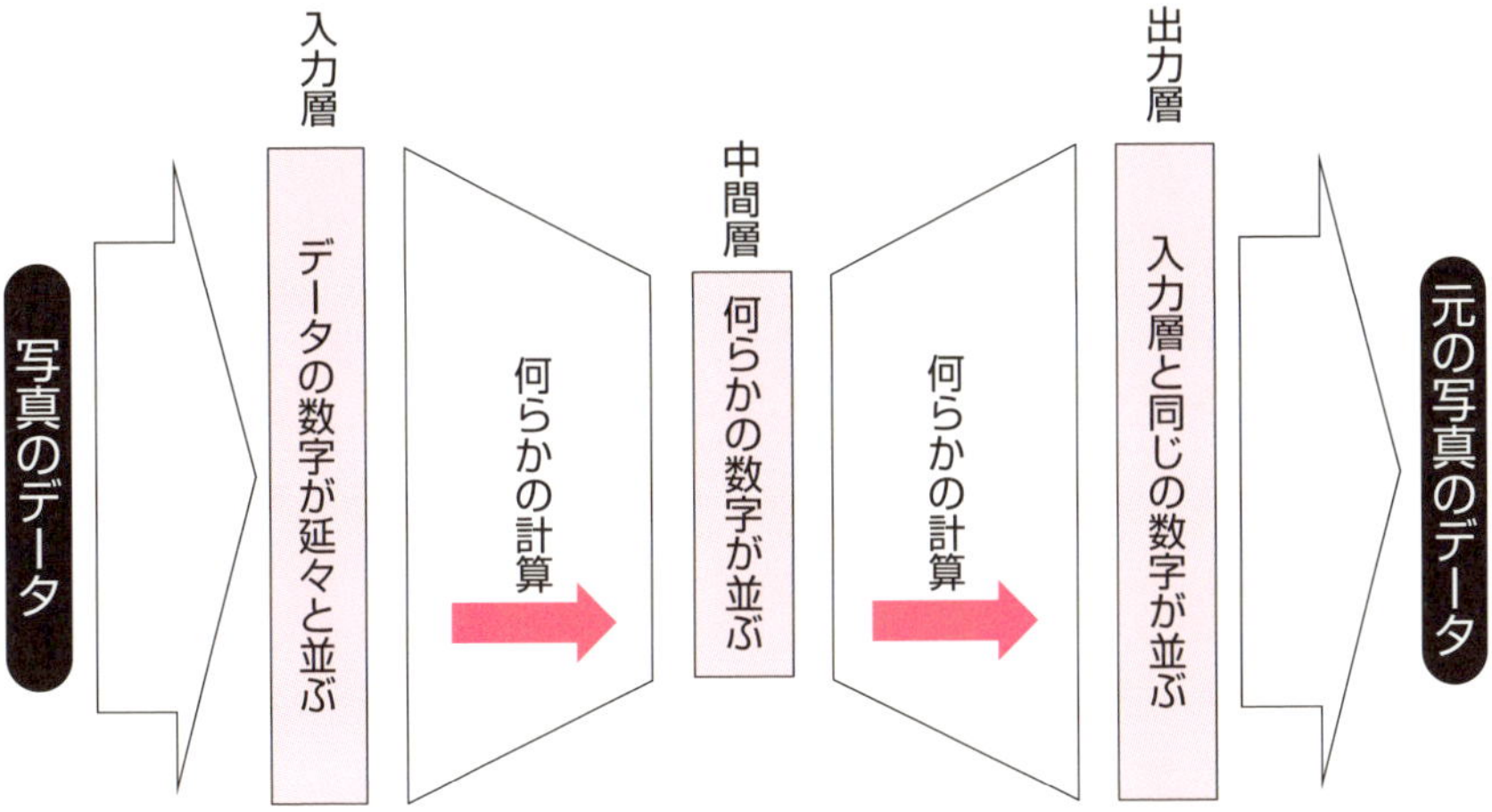

中間層が狭いのがミソで、入力データの冗長な部分をそぎ落として、役に立つ特徴だけを中間層に抽出する効果をもつ。

図2 ディープラーニングの構成

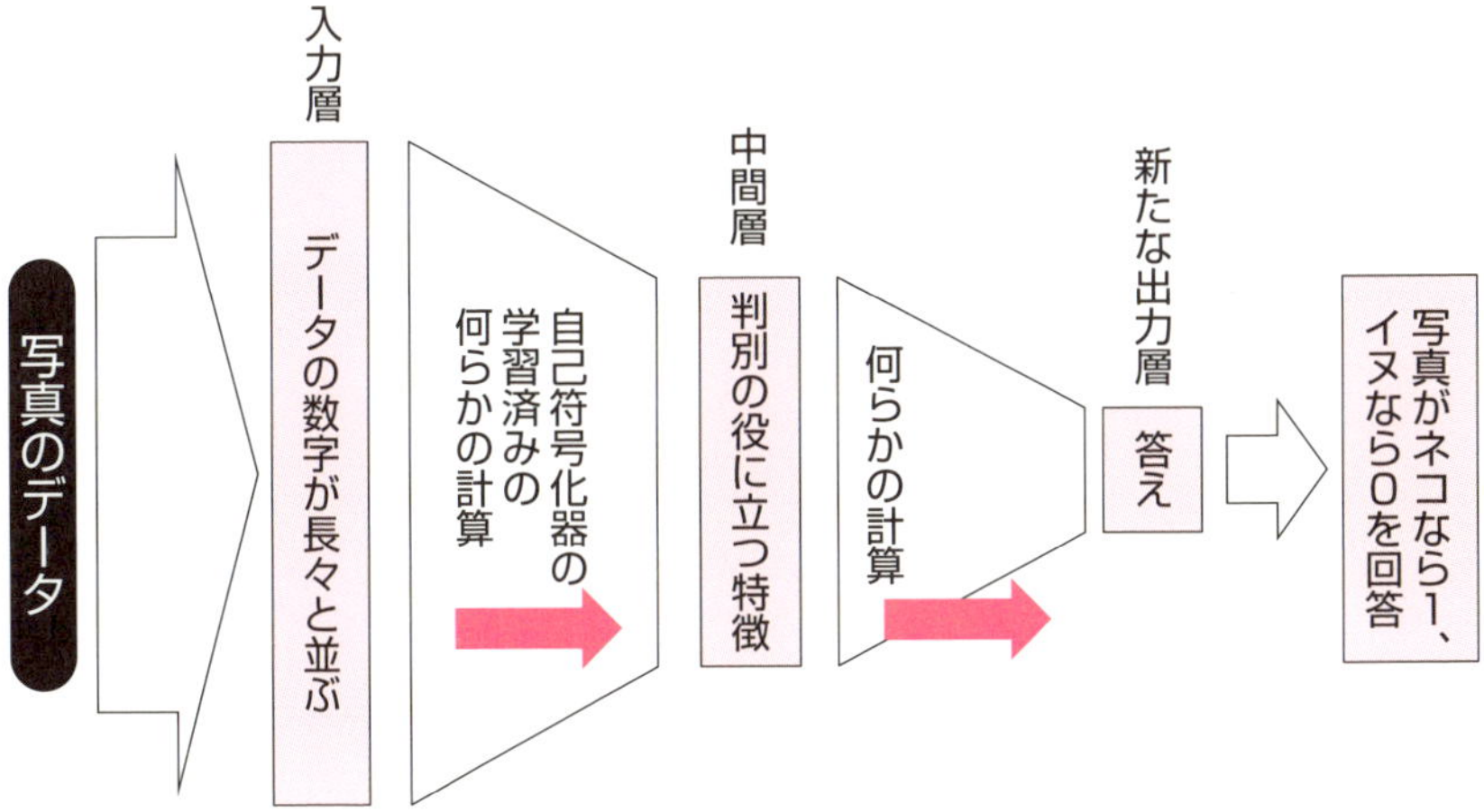

学習済みの自己符号化器を入口に使うことで、入力データから無駄を取り除き、役に立つ特徴だけを取り出してから、より難しい判別に挑む。実際は、層を何十段も重ねることがある。

46 ディープラーニングと表現学習

人間が気付かない目の付け所を見つける人工知能

ディープラーニングの本質は、表現学習に飛躍的な進歩をもたらしたことにあります。

「あるなしクイズ」というものが昔、流行りました。**表1**に示した分類の法則性は、一見するとわかりませんが、「県名に使われている漢字」という特徴に目を付ければ簡単です。

判定や識別といった問題は、決定的な目の付け所を見つけられるかにかかっています。分析対象をうまく裁ける表現を機械学習で見つけるという意味で「表現学習」と呼びます。

囲碁の世界には、「シチョウ」や「厚み」といった専門用語があります。これら専門用語は、盤面状況の何かの特徴を表しています。この用語を知らないと、囲碁に強くなれません。

当然、囲碁をするソフトウェアもこれらの特徴を意識することが必要で、従来は人間がソフトウェアに教えるというスタイルをとってきました。

囲碁で人間を打ち負かしたAlphaGoは、ソフトウェアが自動で膨大な実戦データを学習すれば、人間が教えなくても、人間よりもうまく、勝ちにつながる特徴を見つけ出せることを立証しました。

囲碁は複雑なゲームです。勝ちにつながる特徴もかなり複雑です。そこで問題になるのは、ディープラーニングが決定的な目の付け所を見つけたからといって、それが人間に理解できるとは限らないということです。AlphaGoが何を考えているのか知りたいと思って中身をのぞいても、膨大なネットワークモデルと計算式の山があるばかりで意味がさっぱりわかりません。

人の命を預かるような任務をディープラーニングが担当する場合、「何だか知らないが、今までのところ、ちゃんと動いている」では困ります。このような学習結果の人間への説明可能性をはじめ、特徴学習には**表2**に示すような要件が望まれているのです。

要点BOX

- ●ディープラーニングは表現学習を飛躍的に進歩させた
- ●何をやっているのか人間に説明ができない

表1 この法則性は何か?

ある	ない
鹿、馬、熊、鳥	狼、牛、猪、魚

※答えは本文の第2段落。

表2 表現学習でとくに望まれる要件

情報量	判定に必要な情報をなるべく取りこぼさないこと。 例えば、天気予測をしたい場合、「気圧」や「気温」は特徴に取り入れるが、「曜日」は無視するようにしたい。
独立性	特徴量の意味・役割が、他となるべくダブらないこと。 例えば、特徴として「大阪の気温」と「京都の気温」というデータを取り入れるのは重複感がある。「大阪」と「札幌」とを取り入れる方がよい。
説明性	ニューラルネットが何を観察して、どう使っているかが、人間にわかりやすいこと。 例えば、「東京の天気は前日の福岡の天気に微修正する」という関係が見えるとわかりやすい。「3000個の数値をいろいろ計算して決める」では理解不能である。
スパース性	各特徴量は、自分の担当する特徴が来た時だけ反応して1になり、他では0になるという、メリハリがあること。 例えば、「ヒット数と三振数の和」と「ヒット数と三振数の差」という特徴はわかりずらい。代わって、「ヒット数」と「三振数」に分けると見やすい。
不変性	本質的ではない入力の差に惑わされないこと。 例えば、写真に写っているネコが、逆立ちしてようが、三毛猫だろうが黒猫だろうが、「ネコだ」と答えられること。
過学習の回避	学習データばかりに過剰適用せず、未知のデータにも適切に判定できること。 例えば、Aさんの手書きの「あ」の文字ばかりを手本にして「あ」の形を学習すると、Bさんの筆跡での「あ」を「あ」と判定しないことがある。これが過学習。

47 ディープラーニングが変える世界

人工知能大競争開始の号砲が鳴った

ディープラーニングの御利益は、優れた特徴量を自動で見つけてくれることにあります。従来のように「画像認識ではこの特徴量を使うとよい」といった専門家の知識がなくても、とりあえず何かデータを大量に放り込んで学習させれば、何らかの答えを出します。もちろん、学習を上質なものにするにはいろいろなノウハウを使うべきですが、とにかく大量のデータ量で学習させて、まずまずの結果を得るという戦略もありえます。

ディープラーニングの入出力は、動画や文章、その他の形態のデータでも可能です。「乳牛の動きの動画と、鳴き声と、体温を入力して、乳の出やすさを予測させる」といった、特殊な用途も可能です。ここまで特殊だと、人間も何が学習にとってよい特徴量であるかノウハウを知りません。自動で特徴量を見つけるディープラーニングが活躍するのは、こういう未踏査の領域の題材と言えます。

しかし、挙げた例のように特殊なデータを集めることは大変です。個人レベルや一企業ががんばって集めたところで、ディープラーニングが成立するほどのデータ数にはなりません。センサを大量に配置してできるだけ多くデータを集めるIoT化という戦略もありますが、これも一企業レベルでは限界があります。

世界規模で、多くの人や組織からデータを出し合って、公共財として使うという方式が、勝ち残るでしょう。この共同体に参加しないのも自由ですが、よほどの大企業でない限り、データ量で負けることは目に見えています。

ディープラーニングが普及するとその弊害も出てくるでしょう。例えば、あなたがネット上に匿名で何か書きこむと、「この投稿者は、○○市在住の男性、33歳、○○社勤務」と推定できてしまうかもしれません。強力な新技術が引き起こす倫理問題について、どう規制するかも考える時期にきています。

要点BOX

- ●多様な入出力が可能
- ●「データは公共財」という思想
- ●プライバシー保護など弊害が心配

ディープラーニングがもたらす社会変化

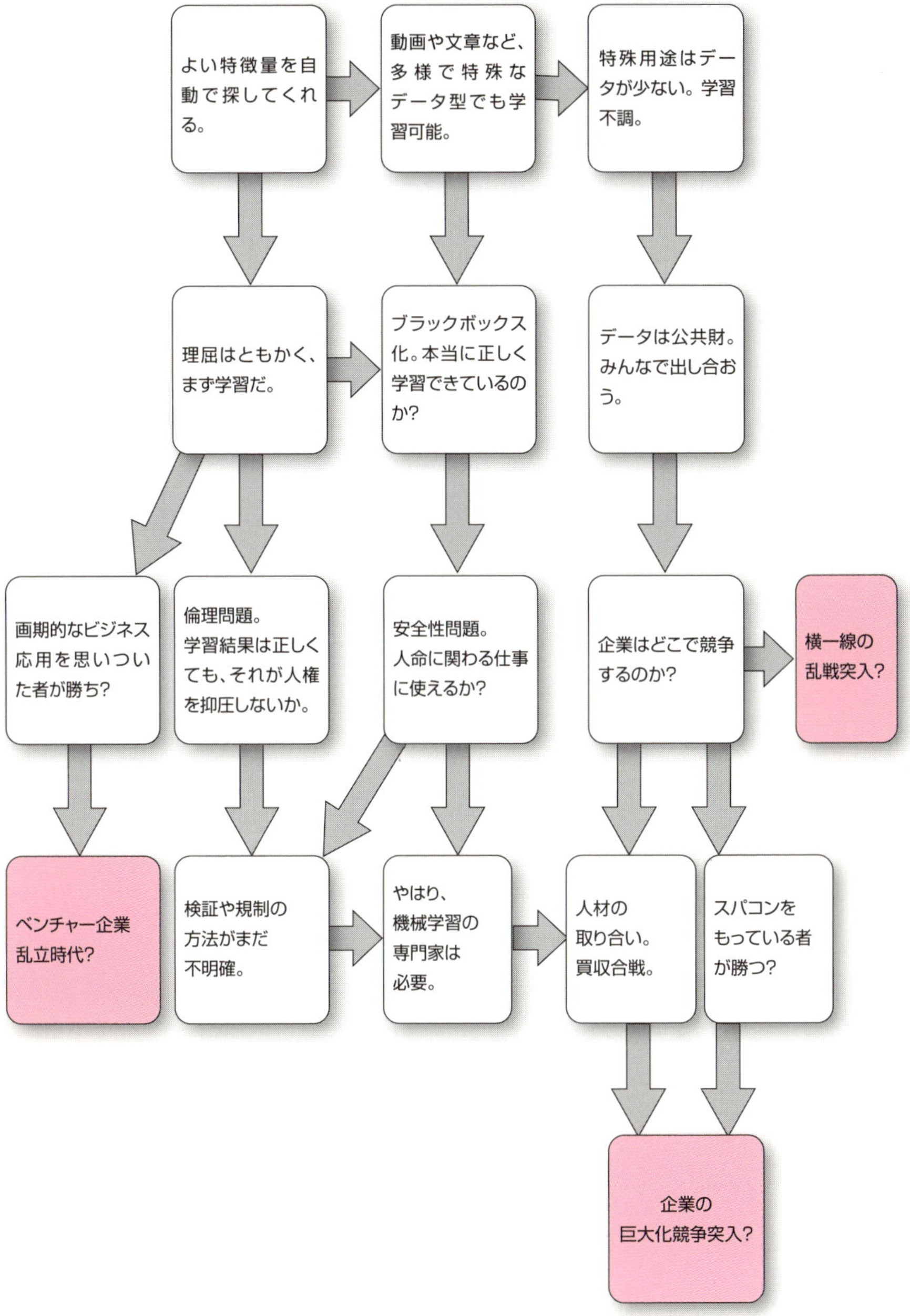

48 コンピュータが将棋で人に勝つ

ミニマックス法と評価関数

将棋プログラムの棋力はいまや人間をはるかに超えていると言われていますが、その思考原理は意外と単純です。まずは、コンピュータが先読みの結果に基づいて手を選ぶための基本となる考え方である「ミニマックス法」を説明します。

例として、2手先の展開まで読んだ状態を①に示します。現在の局面から、選ぶ手によって次々と展開が枝分かれしていくことがわかります。2手先の局面にそれぞれ点数が書かれていますが、これは、その局面がどれくらい自分にとって有利（あるいは不利）なのかを表した点数です。自分が有利であればプラス、相手が有利であればマイナス、互角であればゼロという値になります。

さて、先読みの結果がこのような状態のとき、自分はどの手を選べばよいでしょうか？　1手先の局面で対戦相手の立場に立って考えると、相手はこちらの点数が最も小さくなるような手を選ぶはずです。そう考えると、1手先の局面にも相手が選ぶ手にしたがって点数をつけることができます（②）。この結果から自分が現局面でどの手を選ぶべきかを考えると、一番左の手を選択することが正解だとわかります（③）。実際の将棋プログラムでは、このミニマックス法に様々な効率化の手法を組み合わせ、30手以上先の局面を読むことで手を決定しています。

さて、ここまでの説明では、先読みの末端の局面に最初から点数がついているものとしましたが、この点数付けを行う関数のことを「評価関数」と呼びます。評価関数では、駒の損得や駒の働き、玉の危険度などを総合的に考慮して点数付けを行うことが一般的です。初期のコンピュータ将棋では評価関数はほとんどが手作りでしたが、最近ではプロ棋士の棋譜やプログラム自身の先読みの結果を利用した「機械学習」によって評価関数の大量のパラメータをチューニングするということが行われています。

要点BOX

- ●評価関数で局面の有利不利を数値化
- ●ミニマックス法で最善手を選択
- ●機械学習で評価関数を自動チューニング

ミニマックス法による「手」の選び方の例

❶2手先まで読んだ状態

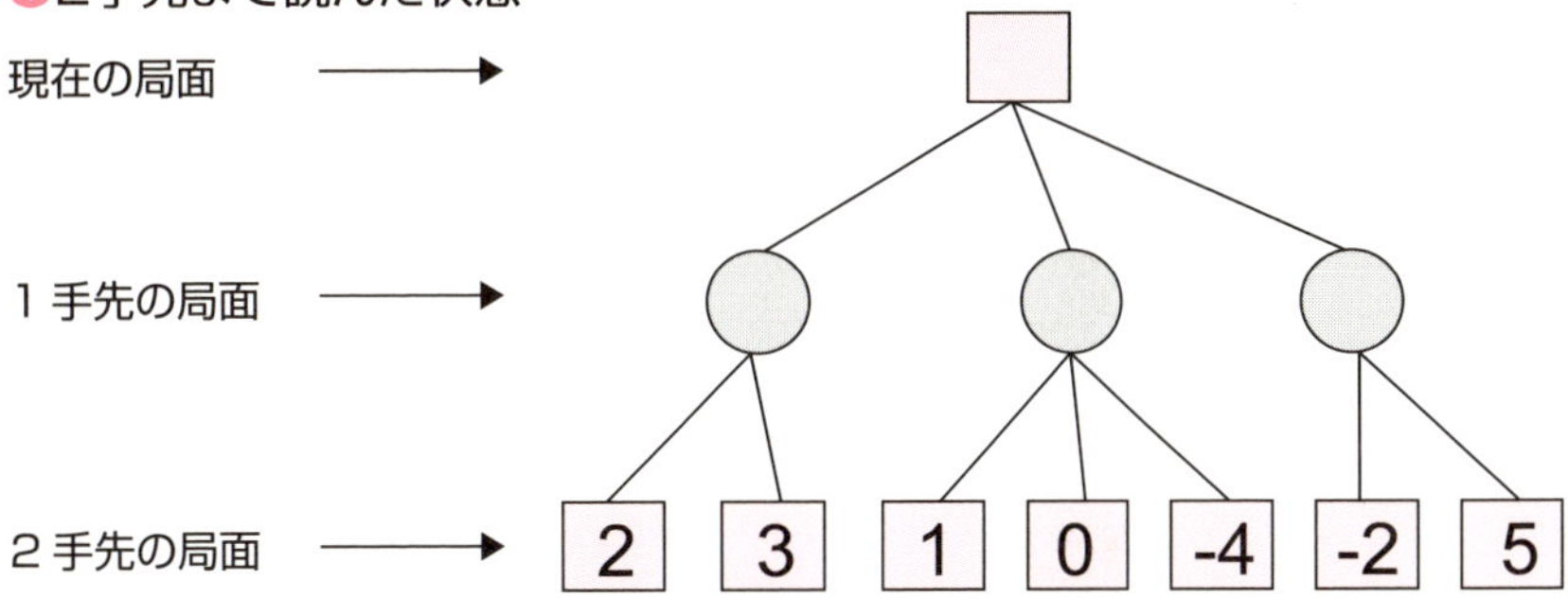

❷相手はこちらが最も不利（点数が最小）になる手を選ぶ

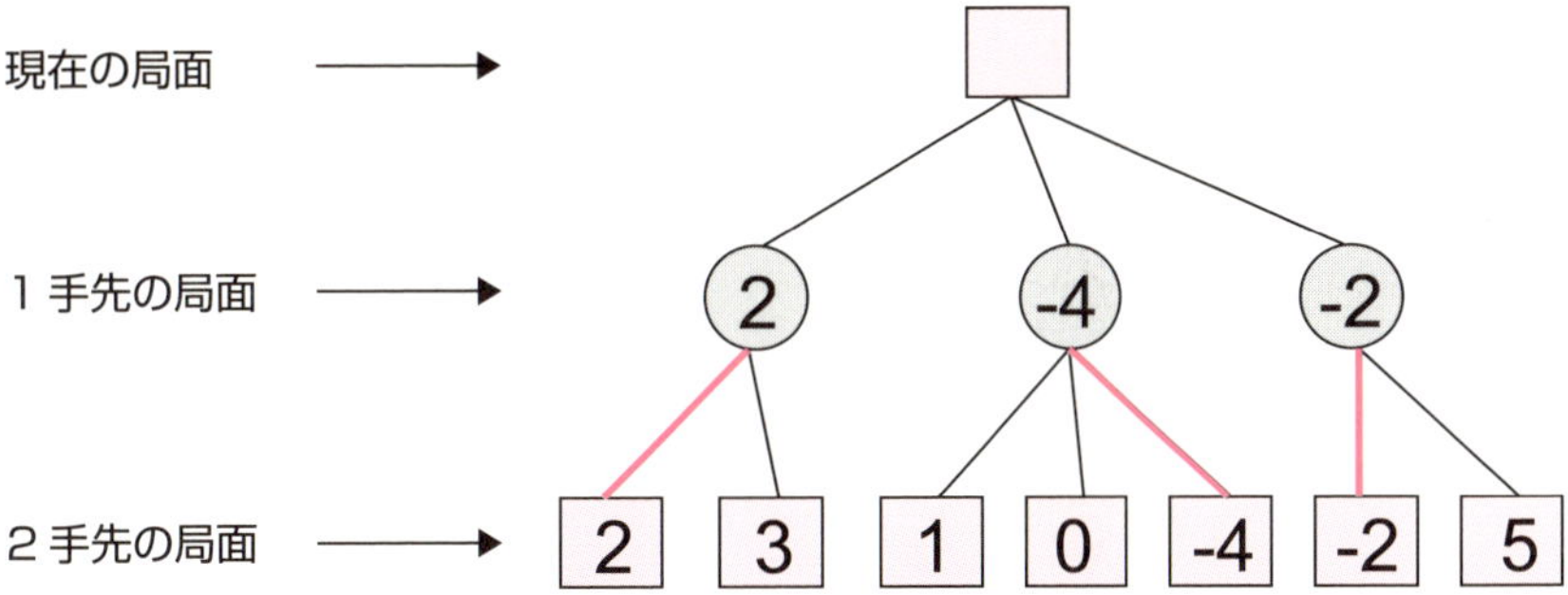

❸その中から最良の手（点数が最も大きくなる手）を選択する

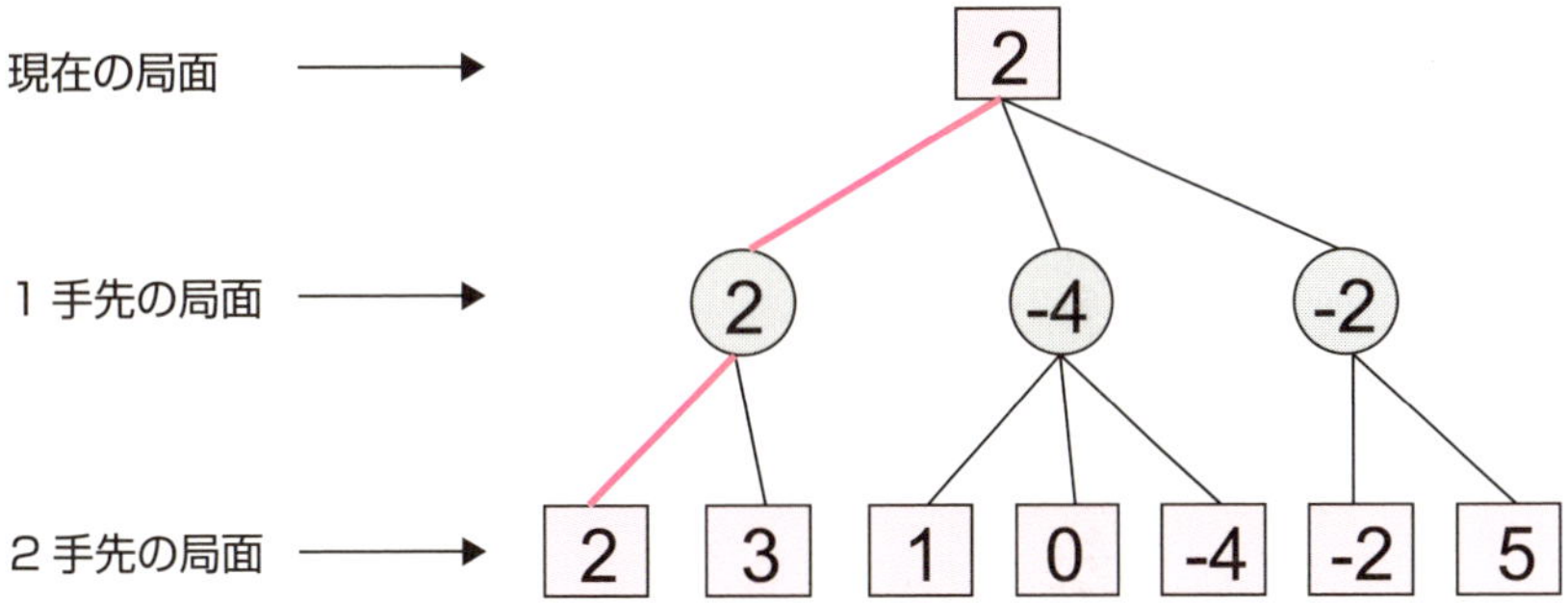

49 コンピュータが囲碁で人に勝つ

モンテカルロ木探索と深層学習

初期の囲碁プログラムでは、前項で説明した将棋プログラムと同様、評価関数とミニマックス法を利用した探索法が用いられていました。しかし囲碁では精度のよい評価関数を作ることが難しく、囲碁プログラムの棋力はアマチュア初段前後でしばらく停滞していました。

その状況を大きく変えたのが、2006年に登場した「モンテカルロ木探索」と呼ばれる、評価関数を必要としない探索手法です。この手法では、たくさんのランダムシミュレーションを行うことで手を決定します。

図1にランダムシミュレーションによる打ち手の決定手法の単純な例を示します。1手先の局面から、白黒交互に（ある程度）ランダムに石を打ち勝敗を決める、ということを何度も繰り返し、勝率の最も高い手を選べばよいというわけです。

モンテカルロ木探索では、この考え方を拡張して、2手以上先の局面についても、ランダムシミュレーションの勝敗情報を保持するようにします。そのうえで、各ノードにおいて勝率のよさそうな手を重点的に展開することで探索木を成長させていきます（**図2**）。このモンテカルロ木探索によってコンピュータ囲碁の棋力は大きく向上し、アマチュアトップクラスのレベルにまで到達しました。

現在のコンピュータ囲碁の棋力は世界のトッププロを超えていると言われています。その原動力となったのは、「深層学習」と「強化学習」です。多層のニューラルネットワークを使った深層学習は、2つの目的に使われています。1つはランダムシミュレーションの精度を高めるため、もう1つはモンテカルロ木探索の登場で一旦は不要になった評価関数の学習のためです（**図3**）。評価関数は、自己対戦を何度も繰り返す強化学習によって学習され、モンテカルロ木探索の効率を向上することに使われています。

要点BOX

- ●よい評価関数を作るのが難しい囲碁
- ●評価関数不要のモンテカルロ木探索
- ●深層学習と強化学習によって評価関数が復活

図1 原始モンテカルロ法

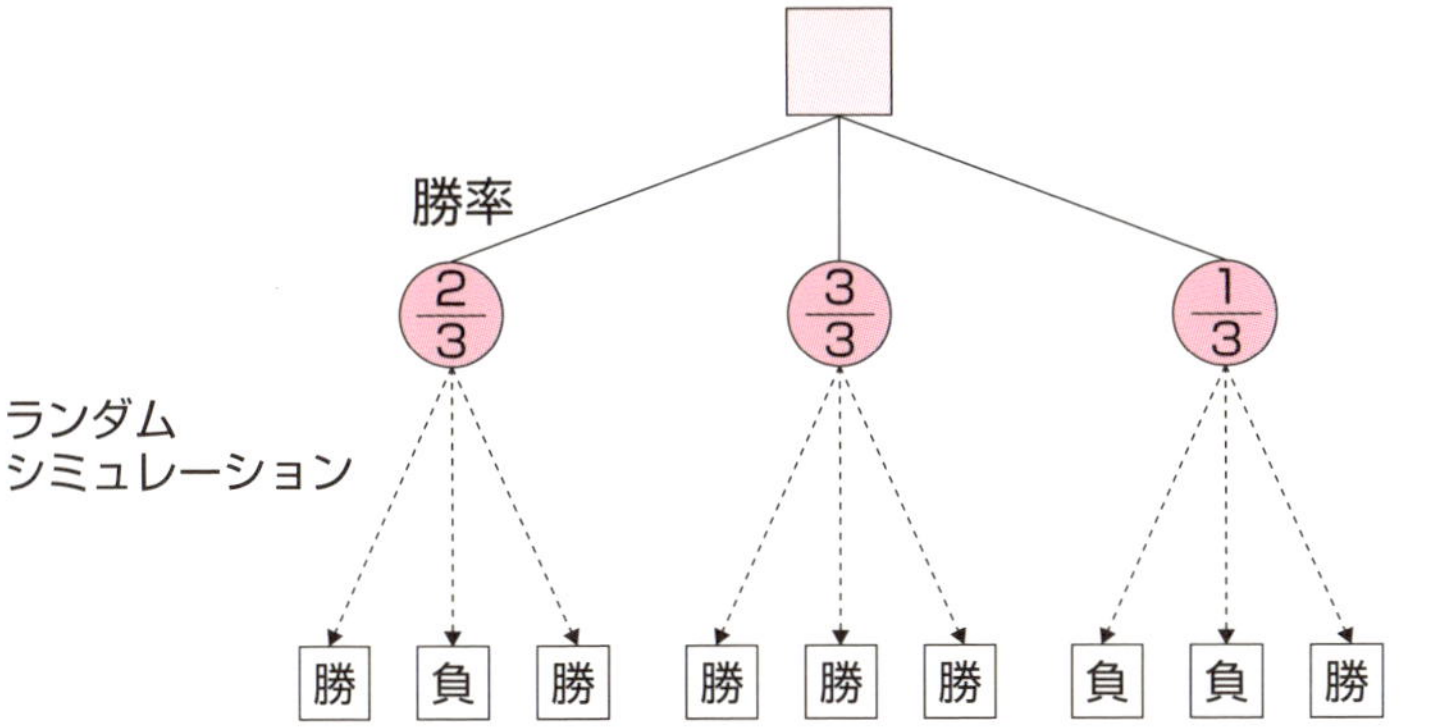

図2 モンテカルロ木探索

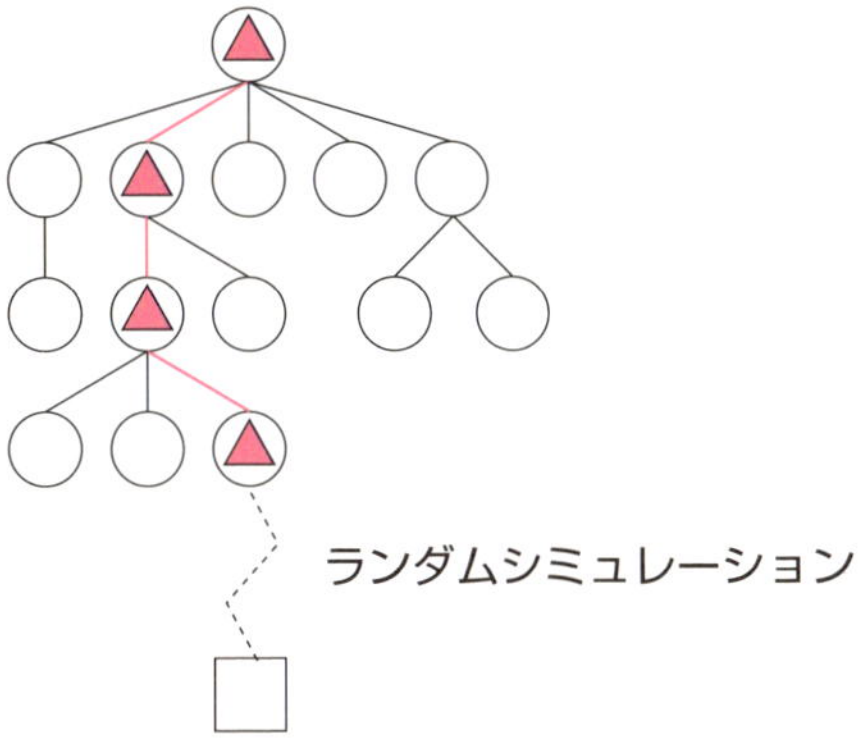

図3 評価関数の学習

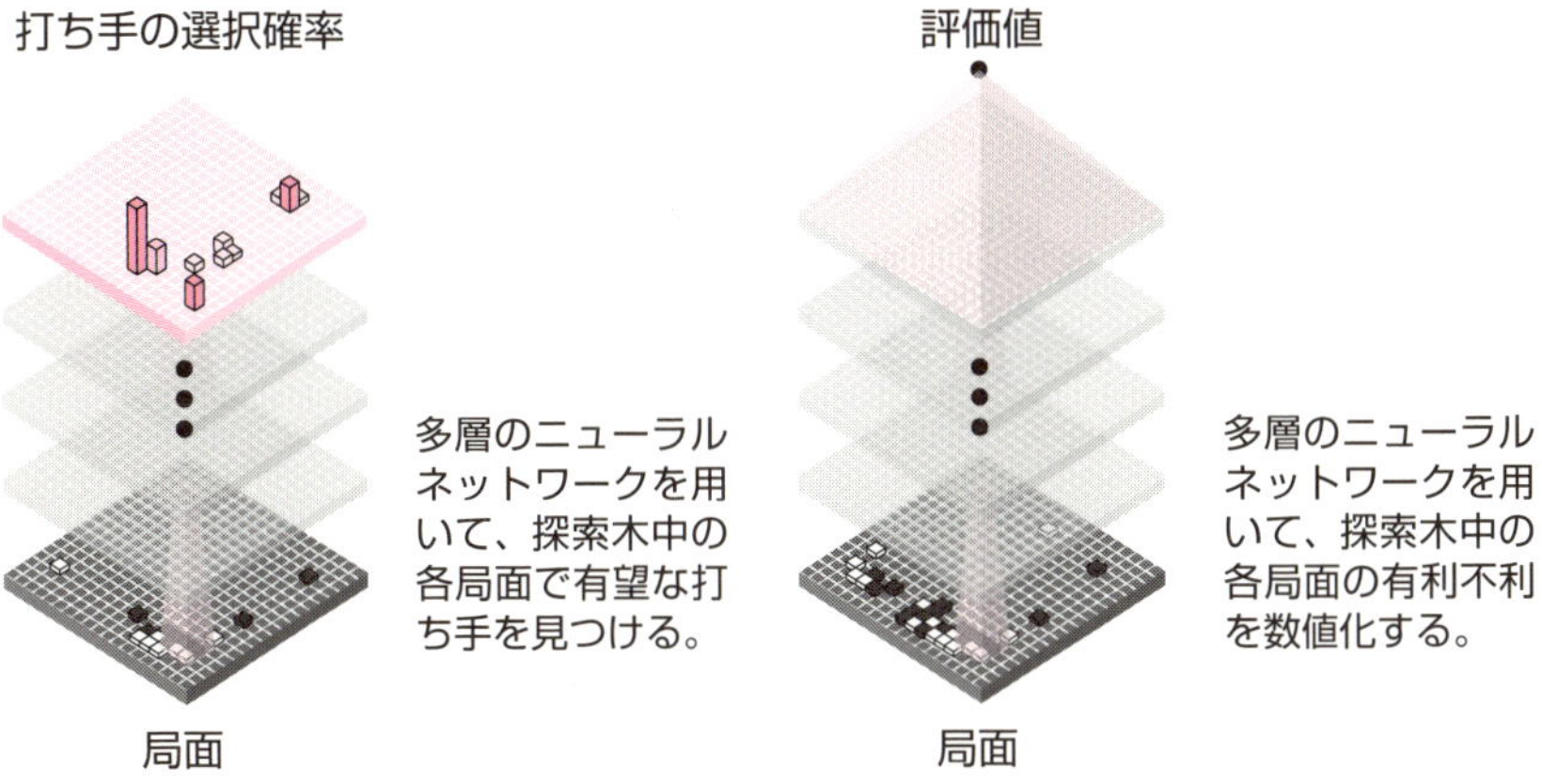

50 芸術を作る人工知能

人工知能が音楽、小説、絵画を作る

人工知能が、音楽や小説といった芸術作品を作るというと何だか不思議な感じがしますが、実はこれは古くから行われてきたことです。

例えば、音楽の断片をいくつか用意して、それらをランダムに組み合わせるという自動作曲は古くからあり、モーツァルトのものが有名です。

小説やドラマの脚本も、その粗筋を自動生成する方法が昔からあります。物語には、「敵討ち」とか「異世界への冒険」といった、典型パターンがいくつかあり、その型に沿いつつ、登場人物の特徴などの詳細はランダムに決めていけば、それなりの粗筋ができます。

ただ、こうした「パターンと乱数」という創作方式を人手でこなすことは大変です。用意できるパターンの種類に限りがあり、また粗筋ならまだしも詳細までを詰められず、同工異曲のものしかできずに飽きられてしまう欠点がありました。また絵画は、2次元的で非記号的なため、パターン自体を定義しにくかったのです。

現代の人工知能は、人間すら気がつかないような微妙な特徴を見つけ出し、パターンを作ることが得意です。人工知能に大量の芸術作品を入力し、教師無し学習によってパターンを発見させるといった研究が進められています。

また、3Dプリンタや「初音ミク」といった、作品を出力する装置の進歩も、人工知能による芸術創造の大きな力になっています。レンブラントの絵を模倣する「ネクスト・レンブラント」プロジェクトでは、3Dプリンタによって絵の具の厚みを模倣するという凝りようです。

ありきたりなパターンから逸脱して独創的なものを作ることも、現代の芸術には求められています。プログラムのバグによって奇妙な作品ができてしまうことがありますが、その方が魅力的なのかもしれません。

要点BOX

- 意外と古い芸術作品の自動生成
- 3Dプリンタや人工歌唱などによる創造の広がり
- ルールを逸脱する創造性が課題

芸術とアルゴリズム

アリストテレスの「詩学」 （紀元前4世紀）	物語の類型を挙げる。
和声学 （16世紀～）	オーソドックスな作曲技法。
モーツァルト「音楽のサイコロ遊び」 （18世紀）	旋律の断片を乱数に基づいてつなぎ合わせ作曲。
十二音技法 （20世紀前半）	和声学によらない新しい作曲技法。
葛藤行動の儀式化 （ティンバーゲンの研究、20世紀）	攻撃と服従の動機が同時に起こり葛藤した行動が、特定の意味を獲得することがある。動物の求愛表現行動などはこうして作られる。
クセナキス （20世紀中盤）	音楽を数学的現象として観察し、高等数学の概念を用いて作曲した。
Emmy （デイビッド・コープ、1980年代）	バッハなどの古典風音楽の自動作曲で有名。
作品具現化技術の進歩 （2000年代）	初音ミクなどの登場により、作曲から視聴までのサイクルが一挙に短縮。3Dプリンターにより複雑な造形の出力も容易に。
「作家ですのよ」 （はこだて未来大学、2010年代）	人工知能が星新一のショートショートの特徴をとらえ、新しい作品を創作。
「ネクスト・レンブラント」 （マイクロソフトなど、2010年代）	人工知能が、レンブラント風の絵画を創作。

Column 5

人工知能の研究現場

２０１５年に国立研究開発法人産業技術総合研究所（産総研）は人工知能研究センターを設立しました。

産総研は昔から人工知能の研究の日本の中心地として活発に研究を進めてきました。今あえて人工知能の看板を背負った部署を作ることで、多くの研究者を東京のお台場に集中させて研究を活発化するとともに、外部の人々に対して存在感を出して連携しやすくするということが狙いです。

もともと、情報工学の研究者にとってアルゴリズムや人工知能技術は仕事の土俵のようなものですから、あえて自分の専門が人工知能であると名乗らず、「認識工学」とか「ロボット工学」となどと、より具体的な分野名で説明する人も多くいました。今は人工知能というキャッチフレーズを前に出す方が、外部の人々には話が早いという状況になっています。

今、人工知能に関する研究や事業を始めるコストは非常に低くなっています。使い勝手のよいソフトウェアが次々と公開され、無料で使うことができるからです。

しかし、本当に質の高い結果を出そうとすると、それだけではうまく行かないことにすぐに気がつくでしょう。データの入手経路の開拓やアルゴリズム、計算機ハードウェアへの創意工夫、データを知識へと解釈するためのオントロジーの整備などが必要となります。

我々は、理論研究を進めると同時に、具体的な題材への応用研究も進めています。というのも、応用へのツテがなければ、リアルなデータが集まらず、機械学習がうまく進まないという事情があるからです。理論と応用とが車の両輪となっています。

問題を解くベストな方法というものは、題材によって変わってくるため、斬新なアイデアと地道な試行錯誤を積み上げる研究が必要であり、研究者たちは日々努力しています。

センターには、産総研の研究員だけでなく、学生や企業からの研究者、外国人研究者など多彩な顔ぶれがそろっています。今や人工知能も高度化が進み、その分1つの研究所だけで大きな変革が生まれる可能性は低くなっています。内外の様々な組織や人々との連携が重要になってきているのです。

第6章

人工知能の未解決問題と突破策

51

人工知能は自身の思考を変えられるか？

人間に与えられたアルゴリズムからの超越

人工知能が人間を凌駕しているように見えても、その思考手順は人間が指定したものです。人工知能は自分のアルゴリズムの優劣には無頓着な存在と言えます。ダメなアルゴリズムを改良したり、無理な問題を諦めるといった、自己分析ができていないのです。

実世界の問題には、答えが存在しないものが多くあります。例えば、「15パズル」は15枚の板をずらしてゴールの配置を作る遊びですが、完成不可能な問題もあります（図1）。一見したところできそうに思えて、いくら探索を進めても完成しません。人工知能にこの種の不可能問題を与えると、解決不能を発見するまで長い計算に没頭してしまい、悪くすると無限プールにはまってしまいます。

賢いアルゴリズムは、泥臭い作業を避けて、シンプルに物事を扱うものです。例えば、引き算の問題に対して、本当に引き算をするのは愚かです。隣の位から数を借りるという手間が煩雑だからです。そこで電卓では足し算によって引き算の結果を出しています（図2）。

ニムというゲームがあります。先手後手が交互に、3つの山からどれか1つを選び、そこからボールを好きなだけ取っていきます。そして、最後のボールを取った方が勝ちというゲームです。この対戦プログラムを作るにあたり、囲碁将棋のように探索木で手を読んでいくという方法が普通です。しかし、実際はある特殊な数学概念を使うと、ずっとシンプルに探索なしで必勝法を作れるのです（図3）。

物事をできるだけシンプルに見るという発想は、現在の人工知能にも取り入れられつつあります。例えば機械学習において、物事の特徴を表す数値は、互いの役目にダブりがなるべく起こらないように調整するといった工夫が施されています。しかし、ニムの必勝法のように、あっと驚くシンプルな方法を自動で見つけることはまだ難しいのが現状です。

要点BOX

- 人工知能は人間の言われた通りに動く
- 解けない問題をあきらめないと無限ループに
- あっという間に解ける裏技を発見できない

図1 15パズル

左右対称の配置になるように動かすことは不可能。

図2 電卓では足し算で引き算を計算している

801－234＝？
引く数234に何を足すと1000になるか？
766だ。
801+766=？1567だ。
上の答えから1000を取り除けば答えになる。
801－234＝567だ。

図3 ニムゲーム

相手の応手を考えなくても必勝手順が決まるゲームである。

52 フレーム問題

言わずもがなの常識もルールに書くのは大変

21世紀に入って、自動運転車の研究が盛んです。しかし、自動で走る乗り物の研究や実用化の例は、ずいぶん昔からあります。自動エレベータや無人運転鉄道、工場の中で部品を運ぶロボット台車などは、もう何十年も前から実用に供されています。

昔からの事例と、現在話題の自動運転との違いは、「どこまで複雑で不確実な外界を許すか」にあります。エレベータのように、乗り物が専用の経路を移動して、その中には邪魔者が入り込んだりしないという前提が成り立つならば、自動化は実に簡単なのです。しかし、町中の古い一般道を、たとえ雪が降ろうとも、人や他車をうまくよけて、自動で運転するという課題は、現在の技術水準でもかなりの難題です。

なぜ、現実世界で働くことは人工知能にとって難しいのでしょうか？　その根本的な原因は「フレーム問題」と呼ばれている難問です。フレームとは、何を考えに入れ、何を入れないかを区切る枠組みのことです。図の例のように、人工知能はフレーム問題が大の苦手です。

フレームを広げすぎると「物体Aに対してある行動Bをした場合に、物体Cにはどのような変化を与えるか」という行動の副作用の心配を際限なくせねばなりません。これでは思考が終わりません。

逆に枠組みを狭くすると、余計なことは考えないので結論は簡単に出ますが行動は雑になります。そして思わぬ副作用によって失敗をすることでしょう。

枠組みを、狭すぎず、広すぎず、ちょうどいい範囲に調節することは非常に難しいことであると考えられています。

人間の知能にとってフレーム問題は別に難問ではありません。人間は常識で解いてしまいます。常識を人工知能に伝授できればいいのですが。人工知能学から見れば、人間の常識というものは超能力であり、この秘密を解き明かすことが大きな目標です。

要点BOX

- どこまでいっても説明が必要ということに
- 人間の常識はすごい。それを解き明かすことが人工知能の大きな課題

フレーム問題の例

ロボットが、卵の入ったかごをもって、道を走っている。そして、急カーブにさしかかった。ロボットは「道からはみ出さないこと」というルールを守ろうとして、急ハンドルで何とかカーブを抜けた。しかし、その際の衝撃で運んでいた卵は割れてしまった。

これではいけないので、ロボットに「卵が割れるような行動はしてはならない」というルールを追加で教えた。すると、ロボットは「何をしたら卵は割れるだろうか？　クラクションを鳴らすと卵は割れるだろうか？　駅前の交差点で右に曲がると卵は割れるだろうか？　雪が降っている時に運転すると卵は割れるだろうか？・・・」と、あらゆる心配と考えはじめて、それが終わらなくなった。

フレーム問題への解決策

方策	事例	欠点
環境を統制して、考え外のことが起きないようにする。	エレベータの自動運転。柵で囲われた産業用ロボット。	利用環境が限られる。
行動の副作用を心配しないことにする。	普通の機械。 虫などの単純な知能。	行動が悪い副作用を起こさないように、人間が見張る必要がある。
広く深い観測とシミュレーションを行って、行動の副作用を予測する。	これからの自動運転車。	予測の手間がかかり、またその精度にも限界がある。

53 記号と対象物の間の大きなギャップ

実世界で働くには記号と実体との対応を知る必要がある

「意味論」は、言語という記号と、その意味内容との対応を考える学問のことですが、人工知能にとっては難関であり、それゆえ研究が盛んになされている分野でもあります。人工知能は記号的な知識を操作することから発達しました。記号から記号への変換が得意だったと言えます。しかし、記号の意味について取り扱うことは難しく、まだまだ苦手とするところです。

ロボットに、「道を通って買い物に行ってきて」と頼むとします。ロボットは「道」とは実世界の中のどれに対応しているのかと考えはじめます。国道も道ですし、建物の中で通行できる床も道。エレベータも実質上は道。雪が降り積もっていても道。このように「道」という言葉の意味は曖昧であり、目の前の状況とどう対応させるかはきっちりとは定義できないものです。この難しさを意味接地問題（シンボルグラウンディング問題）と言います。

言葉と実世界との対応を付けることの成否は、仕事（タスク）の目的にも大きく依存します。

例えば、「水をくみたいから何かコップになるものをもってきて」という依頼は、人間なら簡単にこなすことができますが、ロボットには難問です。一般の物体を見て、それがコップの機能を果たすものか判断せねばなりません。スープ皿やバケツは役に立ちそうな気もします。しかし、水が飲みたい場合にバケツをもってくるのはダメでしょう。

意味とは辞書に定義されているような安定的な概念であると言い切れればよいのですが、タスクよって正解の形が変わるとなると、タスクごとに定義を作らねばならず、それは手間がかかる作業となります。しかし、最近の人工知能技術は、写真に何が写っているか答えることができるようになりました。まだどんな記号でも対応がわかるとは言えない段階ですが、早晩、十分な性能を獲得できるでしょう。

要点BOX
- ●記号を扱っても意味をひとまず放置している
- ●記号と実物を結びつける意味接地問題
- ●意味は多様で曖昧であり、タスク依存性が強い

意味論の難しさの例

「上り坂」と「下り坂」とは、物理的には同じ傾斜した地面を指しているのに、言葉が違うのはなぜか?

→同じ物体であっても、用途や効果に依存して、記号が変わる。

●人工知能の挑戦：用途や効果まで教えてもらって、言葉と対応物との学習を進められるのではないか?

「夫婦関係」や「大小関係」は定義しやすいが、「ロシアとトルコのような関係」は定義できるか?

→先に定義がある言葉は扱いが簡単だが、実体が先にあり、そこから意味がゆるやかに定められる言葉は記号化しにくい。

●人工知能の挑戦：多くの新聞記事などを読み、前後の文脈を学習すれば、言葉をすっきり定義できる決定的な特徴を見い出せるのではないか?

「おばあさんは川へ洗濯に行きました」という文に対して日英の機械翻訳を反復すると「年配の婦人は私に行き、川で洗われた」になってしまった。

→言語ごとに単語の意味がずれていて、翻訳では内容が少しずつ変質する。

●人工知能の挑戦：文の形で情報を保持するだけでなく、グラフ構造などの詳細なデータ形式で扱い、意味を取りこぼさないようにできないか?

54 人工知能の安全性をどう保証するか

命を預かる役目を果たす人工知能

人間の命を預かる機械は珍しくありません。心臓ペースメーカーは故障すると即死亡事故につながります。大型旅客機も大勢の人命を背負っています。身近なところでは、エレベータやカーナビだって、でたらめな行動をすれば人身事故につながるでしょう。

これからの機械は、当然人工知能を使って優れた制御や行動をすることになります。その際、人工知能が事故を起こさないことを保証せねばなりません。

この問題に関する国際工業規格は、ＩＥＣ61508です。そこでは、「ソフトウェアのバグ検査に人工知能を使うことは推奨されない」と、人工知能の性能は低く評価されています。「人工知能冬の時代」をほうふつとさせます。確かに、昔の自動バグ検査は、あまり当てになりませんでしたが。

人工知能のリスクは、人身事故にとどまりません。大きな問題となっているのが、金融取引をする人工知能です。他人より一瞬でも早くボタンを押すことが求められる金融市場では、人間よりも素早く行動できる人工知能が大量に使われています。

ここで怖いのは、人工知能が間違った思考を基に株を売買しているかもしれないリスクです。

思考の正しさを検証することは非常に難しくなっています。リーマンショックの際に、非常に優良と見なされていた金融商品が、実は非常にリスキーで紙クズになるという事例が多発しました。紙クズ同然の金融商品を複雑に組み合わせることで新たに優良に見える金融商品を作り出すといった、目くらましの計略によって、リーマンショックに至るバブルが発生したのでした。

人工知能の説明にやたらと複雑な数式を出して「すごい」と思わせるのは、子供だましの策です。安全を担う人工知能は、むしろ単純明快なアルゴリズムを備え、その挙動をユーザが観察し、その意図がわかるように設計するべきなのです。

要点BOX

- 重要任務に人工知能を使うことには懐疑論がある
- 株式の自動取引のように経済的リスクもある
- 人工知能のホワイトボックス化が求められる

人工知能の安全リスクとその対策

安全リスク	対策
機械学習の結果に欠陥があり、特殊な事例では間違った行動をするかもしれない。	学習データの量と多様性を増やし、また、過学習を防ぐように工夫する。
ジレンマにおちいると正しい行動を判断できなくなる。例えば、急ブレーキをかけないと衝突するが、かけるとスリップする状況。	アルゴリズムをホワイトボックス化し、人間が判断の優先順位を検証できるようにする。
局所最適が全体最悪を生むリスク。例えば、同じ機種のカーナビが同じ観光地を推薦してしまい、客が殺到するなど。	全体効率を考えるアルゴリズムを導入する。また、ユーザの状況にはそれぞれ差異があるので、それを判断に取り入れれば、行動に多様性が生まれる。
ユーザが人工知能の性能を過信して、危険な行動を行う。あるいは、ユーザと人工知能の判断が一致せず相克する。	人工知能の意図や思考状況をユーザに可視化し、ユーザに説明する能力を備える。
人工知能がサイバー攻撃の標的になるリスク。	攻撃者から機器を隔離する。通信の暗号化など。
高度な人工知能が停電などによってダウンすると、急に程度の低い制御しかできなくなる。	日頃から人間の腕を鈍らせないように、人力による制御を訓練する。

55 計算量の爆発

すべての場合を考えようとしても膨大な選択肢が

パズルを理詰めで解くということは人工知能の得意とするところです。しかし、人工知能が楽勝に解ける問題ばかりとはいきません。世の中には、手順のパターンが膨大すぎて、その候補のすべてを考えることが事実上不可能である「手に負えない問題」(intractable problem) が大量にあるのです。

例えば、「東京の地下鉄網において、一度通った駅を二度と通らない経路の中で一番長いものを答えよ」という問題は、かなりの難問です。

まずは、長い経路を考え、徐々に距離が長くなるように改訂する作戦で考えてみましょう。例えば「原案では、赤坂見附駅で銀座線から丸ノ内線に乗り換えているが、距離をもっと長くしたいから、これを銀座駅で乗り換えることに改訂しよう」といった部分的な改訂です。しかし、これが部分的な改訂では済みません。「おやおや、これでは新橋駅を銀座線で通ることになってしまった。しかし、新橋駅は浅草線で通るつもりだったので、これを直さないといけない。なので、浅草線は大門駅で乗り換えることにして…」という具合に、1つの変更が、別の変更を必要とさせ、それが思わぬ所までどんどん波及していきます。1カ所の微少な変更が、全体をどんどん返しして、一からやり直しになるのです。

人工知能が問題を解くのに要する時間やメモリの量を論じる理論を、計算量理論と言います。そこでは左の表のように概念を整理して分析します。

囲碁や将棋は、人間にとって身近なゲームですが、その必勝戦法を見つけるという問題は、最も難しい問題のクラスに属していて、複雑さの底が知れません。いくらスーパーコンピュータで動く人工知能であっても、ごく一部の手順しか読めていないのです。

しかし最近は、人工知能が囲碁や将棋で人間に勝てるようになりました。「計算量理論の格付け、何のその」という自信が湧いてくる成果です。

要点BOX

- ●現実社会の問題は複雑なものが多い
- ●微差が全体に影響する場合は正解発見が困難
- ●囲碁や将棋では人間に勝てる水準に

計算量理論の分類

用語	意味
計算量理論 （計算複雑性理論）	パズルなどの人工知能に解かせる問題が、どれほどの時間とメモリを要するかを論じる理論。
クラスP	問題を解くのに要する時間が、入力データの量の多項式(polynominal) で表される問題の集まり。いわば「人工知能には簡単な問題」である。
クラスNP	非決定性(non-deterministic)アルゴリズムを使った場合、問題を解くのに要する時間が入力データの量の多項式で表される問題の集まり。 平易に言えば、答えを見つけるのに効率的な方法がない難問だが、答えの候補が本当に答えなのかを判定するのは効率的な方法があるもの。
NP完全	クラスNPに属する問題であり、同じくクラスNPに属する問題に多項式の所要時間で変換可能であるもの。クラスNPの典型例。 例:「 3, 4, 6, 11, 13, 17, 21, 22という数字がある。これらからいくつかを選んで、和が39になる数字の組み合わせを見つけよ」 しらみつぶしに考えていくしかないが、いざ答え(6+11+22=39)が見つかると、その検証は一瞬でできる。
P=NP予想	クラスPとクラスNPが同じものであるか、あるいは違うものかという未解決問題。 おそらく違うと考えられているが、まだ証明されていない。

巡回セールスマン問題

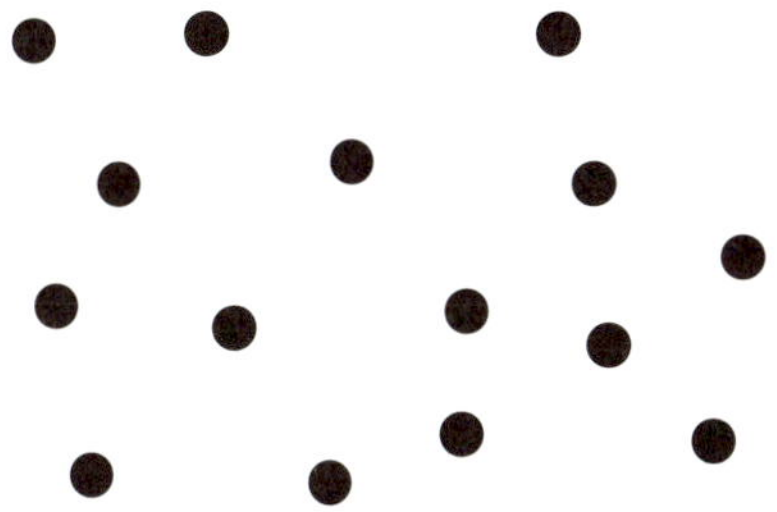

あるセールスマンが、左の家（黒点）をすべて訪れなければならない。訪れる順番は自由でよい。経路が最も短くなるようにするには、どの順番で訪れるべきか？

巡回セールスマン問題は「NP 困難」（クラス NP と同等かそれ以上に難しい）という格付けがされている。そこそこ短いルートを見つけることは(私たちが日常生活でもやっているように)簡単だが、それが最短であるかを検証するには膨大な手間がかかる。

56 汎用人工知能の夢

人間のようにどんな問題でも受け付ける人工知能

将棋をする人工知能は将棋しかできません。では、どんな問題にも対応できる汎用人工知能（Artificial General Intelligence、AGI）はできないのでしょうか？

私たち人間は、どんな形の問題に遭遇しても、それなりに考えて、答えを出そうとします。この思考のプロセスを模倣すれば汎用人工知能はできるはずです。しかし、実際に研究してみると非常に難しく、今までは夢のまた夢だと考えられてきました。

人間の知能は、非常に神秘的な仕組みをもっています。生まれたての赤ん坊は、あまり知能を発揮できないにもかかわらず、時間が経過するにしたがい、概念を覚え、法則性を見抜き、技能を身につけ、ついには言葉を話すようになるのです。

そこで「赤ちゃんロボットを製作し、入力と出力の関係を機械学習させれば、いつかは汎用的な知能を獲得できるだろう」という考えが浮かびます。赤ちゃんロボットをハイハイさせたりして、何か知的な学習を自力で行うか観察するという研究は、ロボット工学の草創期からの夢として綿々と続いています。

しかし、現実のロボットのセンサとアクチュエータは、人間の赤ちゃんよりはるかに粗雑なため、赤ちゃん並みの学習を再現することはかなり難しいのです。

経験に学ぶ機械学習と対照的なのが、論理的な推論です。私たちの普段の思考では推論を使っています。推論する能力は経験で身につかず、5歳の犬には人間の5歳児の思考能力は備わっていません。思考能力は先天的な要因で形成されているわけです。ロボットにどう先天的に与えるかは難しい問題です。

とはいえ、一般的な問題に対する論理的な思考は、ＩＢＭのワトソンをはじめ、クイズや大学入試問題を解く人工知能として実現しつつあります。このままいけば、汎用人工知能はできてしまうのかもしれません。

要点BOX

- ●特定の問題専用ではない人工知能
- ●大それた夢か？ 次の産業革命の本丸か？
- ●大学入試問題を解く人工知能はもはや汎用？

技術的特異点「シンギュラリティ」とは?

汎用人工知能が、自分より高性能な汎用人工知能を設計制作するというサイクルが回るようになると、人工知能の進化が爆発的に進む。

汎用人工知能が、ホワイトカラーの人間に取って代わり、人間は仕事がなくなる。

●いつ頃起こるか?

一説に、2045年頃と言う人もいる。そのころになると、人間の脳細胞の数を、コンピュータ内のトランジスタ数が上回るかもしれない。

●しかし…

すでにパソコン内のトランジスタの数(Intel Core i5では約13億個)は、昆虫の神経細胞の数(10万～100万個)よりも多い。

ゴキブリの方が、パソコンで制御される虫型ロボットより賢くてしぶとい。ゴキブリがもつ、優れた感覚器と運動器官が、知能の大事な部分を担っている。

知能は、単なる情報処理の素子数の大小で優劣が決まるわけではない。身体性といった、実世界ならではの要素が強く影響する。

●シンギュラリティはバラバラに起こる

囲碁や将棋の世界では、人間は人工知能に抜かれた。チェスでは20年前にそれが起こった。

仕事によってシンギュラリティが到達する時期は異なるのだろう。

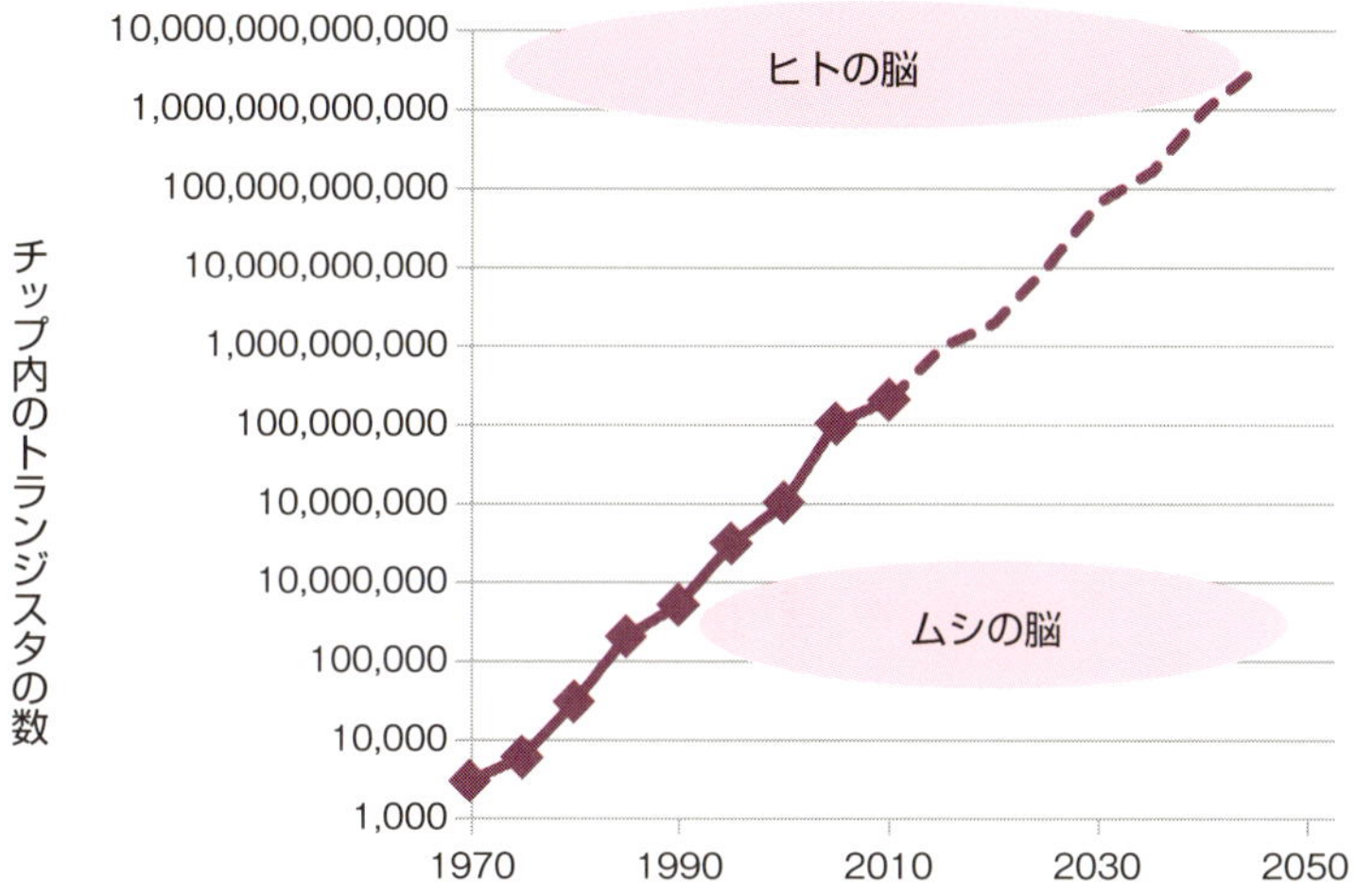

コンピュータの性能向上の速さの経験則「ムーアの法則」からすると、コンピュータは2045年頃に、ヒトの脳細胞の数より多いトランジスタを手に入れるかもしれない。

57 人工知能から人工生命へ

自己複製し増殖するプログラム、そしてロボット

人工知能の考えをさらに広げると人工生命という概念が見えてきます。知能をもったロボットが、自分と同じロボットを組み立てるという状況です。

このイメージを初めて具体化し実施例を作ったのはフォン・ノイマンでした。彼は１９５０年代に「自己増殖オートマトン」を研究し、そのアルゴリズムを詳細に示しています。といっても、実際に機械が機械を作るのではなく、概念的な数理モデルでの話です。

自己複製や人工生命は夢のような話ですが、実用化されているものもあります。

自己複製に関係して実用化されている技術に、遺伝的アルゴリズムがあります。これは生物の突然変異や自然淘汰などを模倣して、アルゴリズムのパラメータに最適な値を探索するというものです。

例えば、トンボの羽の大きさは概ね親の世代からの遺伝で決まりますが、突然変異によって大きくなったり小さくなったりします。変異の結果が生存に有利だとその個体は生存し、不利だと死滅します。この過程を真似ることで設計案を淘汰するというのが遺伝的アルゴリズムです。

勝手に自己増殖する人工物といえば、コンピュータウィルスが代表例です。誰も制御しなくても増えるところが、厄介ながらタフだとも言えます。

ビットコインなどのブロック・チェーンも、ある種の自己複製の能力を備えていると言えるでしょう。ビットコインは、一元的な管理はなしで、各所で自律的に自己を保持し更新して、流通せねばなりません。ビットコイン自体に知能はありませんが、いかにも生物のように独力で存在を保つ能力を備えています。

人工生命の研究は、裏を返せば、私たち人間社会の振る舞いの研究とも言えます。個々の人間の振る舞いが、積もり積もって巨大な社会の振る舞いを作っています。金融市場といった複雑系を分析する上でも、人工生命の研究が役立てられています。

要点BOX

- ●初の自己複製機械は60年前のフォン・ノイマン
- ●遺伝的アルゴリズムとして実用化
- ●中央集権的管理を逃れる目的で応用されるか

自己増殖の研究から自律分散の研究へ

年代	発明発見
1950年代	Von Neumann が自己複製オートマトンの設計例を提出。
1970年	Conwayが生物の繁殖を簡単に模擬した「ライフゲーム」を考案。単純ながら極めて複雑な振る舞いが可能であることで注目を浴びる。
1975年	Hollandが遺伝的アルゴリズム(Genetic Algorithm、GA)の本を出版。生物の突然変異がもつ、広域な探索能力を、最適値の探索に応用。
1980年代	コンピュータウィルスが登場。
1990年代	GAから発展し、遺伝的プログラミング(Genetic Programming、GP)の研究が興る。データの表現、学習や推論の仕方を探索の対象とする。
2010年代	ビットコインに代表される、中央集権的な統制を要しない、自律的なデータ処理が金融の世界に登場。

ライフゲーム

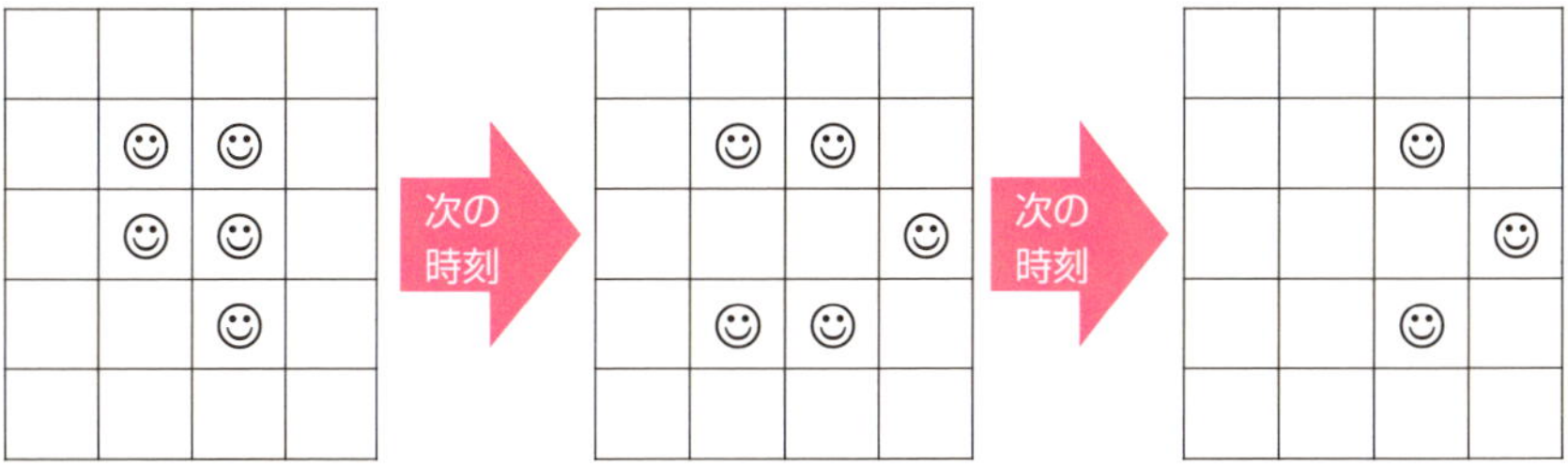

ライフゲームのルール

マス目にいる動物は、自分の周りの８マスに仲間が１匹以下しかいないと、過疎のため次の時刻で死滅する。また、周りに仲間が４匹以上いると、過密のため次の時刻で死滅する。

空のマス目では、周りに３匹動物がいると、次の時刻で新しい動物が誕生する。

ライフゲームの不思議

広いマス目を用意して、うまい初期配置をすれば、次のような難しいことができる。

●無限に動物を産む初期配置がある。

●無限に動物を産む初期配置を、無限に作る初期配置がある。

●ビットを動物の有り無しで例えて、任意の論理演算を実行できる（つまりコンピュータとして使える）。

Column ⑥

人工知能時代の人材・組織論

人工知能に関して、日本の人材や組織はどうあるべきで、人工知能技術はどのように育てていくのがよいのでしょうか?

今、世界では異分野の専門家たちが組織の壁を超えて集まるようになってきています。人材の流動性はよりよい研究成果を生み出します。日本ではなかなか見られないオープンな環境です。

日本では人材の流動性や組織を超えたアライアンス（協業）といったことについてはまだまだ固い障壁が多く存在します。これは日本の弱点と言えます。

人材面では、日本も流動化を進めるべきでしょう。世界中の人工知能研究者は、まず自身が実現したい目標があり、その目標が所属している企業で達成できない場合、別の組織に移ったりベンチャー企業を作ったりしています。日本の企業人も、組織に帰属するというメンタリティを捨て、己の技術センスと技能を高め、自分でビジョンを描き、ビジネスを作っていく主体性が問われるようになっています。

組織についても同様にオープンさが求められます。発展著しい人工知能技術を、何か別の分野のビジネスに組み合わせることによって、大きなイノベーションが生まれるはずです。このチャンスをつかむには縦割りの組織ではダメなのです。

日本は人工知能を強くできる土台がありますが、人工知能だけで何かができるという時代は終わりを迎えています。今は実社会で応用し強くしていくことが重要です。

さて、人工知能を賢くするためには、お手本となる人間がいなければなりません。幸い日本には、製造業やサービス業、医療福祉業界、各研究分野などに多くの技術をもった、お手本となる人たちがいます。そういった様々な分野のエキスパートを人工知能のパートナーとして迎えることで、人工知能は強くなり、その分野に恩恵がもたらされます。

今まではグーグルやアマゾンなどが人工知能分野を席巻していましたが、日本にある技術や技能を取り入れ強くするというところに、大きな可能性があります。

第7章

人工知能が溶け込んだ社会の将来像

58 人工知能が変えるものづくり

第４次産業革命は何をもたらすか？

　人工知能によって「インダストリー４・０」（第４次産業革命）が引き起こされつつあると言われています。製造業の形が大きく変わりはじめています。

　ものづくりで問題となるのが、品質の安定です。従来は、工程の途中に置かれた検査装置によって、品質を確かめ、不良品を判別して除去するという方式でした。検査装置ごとで閉じた検査だったのです。

　これからは、製造過程のあらゆる装置にセンサがつき、それらから報告される大量で異種混合の情報を機械学習によって分析することができます。生産ライン全体を見て、品質変動の原因を探り出すことができ、品質も効率も大いに向上するでしょう。

　工場の自動化もかなり前から進んできましたが、それらの多くは、旋盤といった人間が操作する機械を基にして、その操作を自動化するというスタイルでした。そこで問題となっていたのは、工作機械のできる範囲内でしか製品を作れないということでした。図面上では複雑な曲面が描けても、それが作れるとは限らなかったのです。

　しかし、３Dプリンタやレーザ加工機のように、そもそも登場当初から人間が操作しない工作機械が増えています。従来型の機械の制約に捕らわれないかなり自由な造形が可能となり、少量多品種の生産が可能となっています。定番商品の大量生産というスタイルが崩れ、発想の自由さや商品企画の素早さ、多様さなどがものを言う世界になるでしょう。

　製品自体の姿も、人工知能によって大きく変わるでしょう。高度な画像認識が可能になりましたから、どの製品もカメラさえ付ければ、自分の身の回りで何が起こっているか、自分がどのような場面で使われているかを、認識できるようになります。これは従来のセンサの情報とは比較にならないくらい価値の高い情報です。その技術の原理は広く公開されていますから、競争の激化を生むかもしれません。

要点BOX

- ●製造装置のIoT化で品質と効率アップ
- ●3Dプリンタが開発速度を変える
- ●製品の認識能力向上が製造のあり方を変える

「第4次」と言われる理由

第1次産業革命	蒸気機関による動力。
第2次産業革命	電気による動力。流れ作業大量生産。
第3次産業革命	コンピュータによる生産自動化。
第4次産業革命	ネットワーク化された製造（製品にまつわる情報の統合的利用。人工知能、IoT、ビッグデータの活用）

従来の生産の仕組み

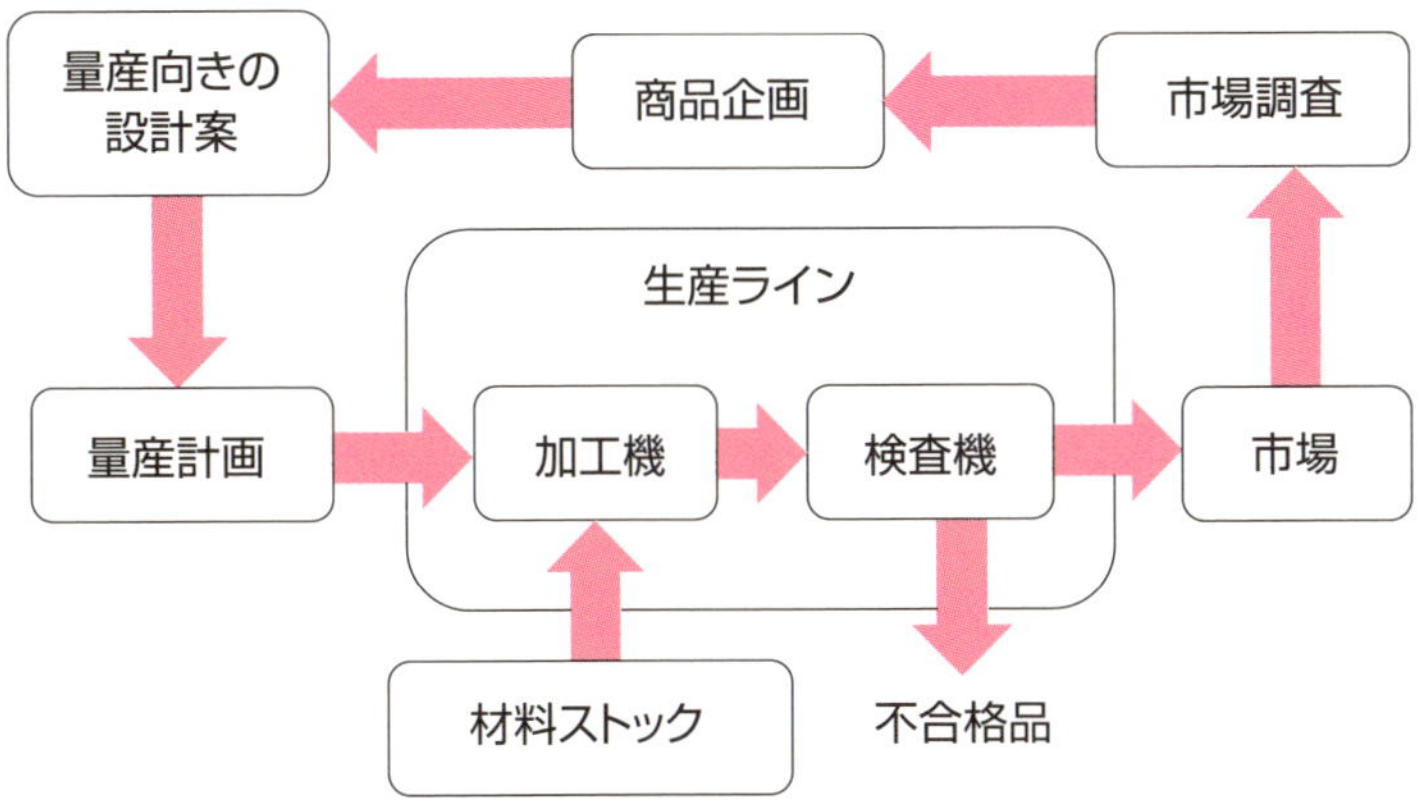

第4次産業革命による生産体制の変化

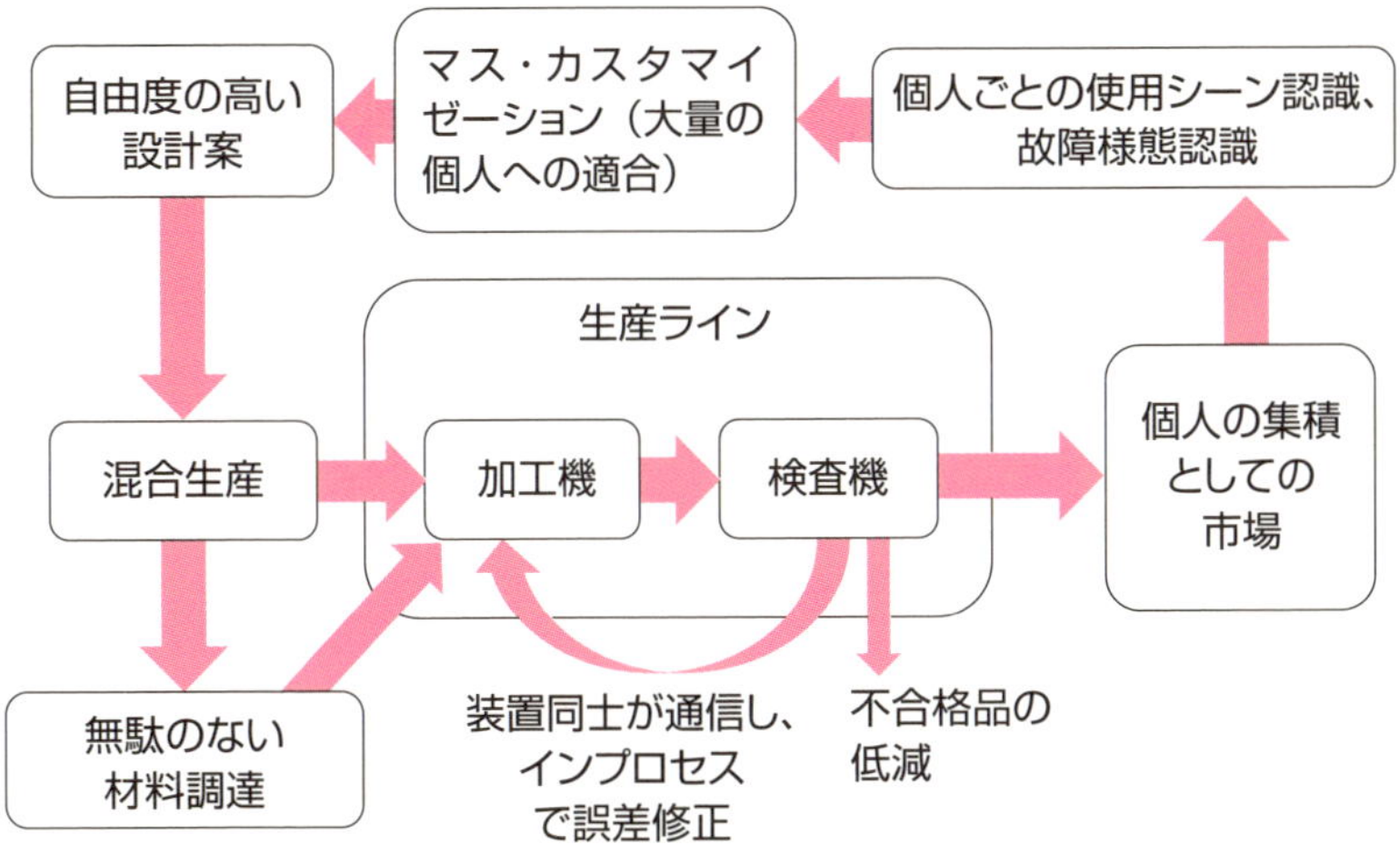

59 自動運転車は現代の人工知能技術の中心命題

何が必要か？どう実現されるか？

自動運転車の数年以内の実用化にこぎ着けるという計画が、様々な国や企業から発表されています。本当に実現すれば、交通事故は激減し、私たちの移動の自由が飛躍的に広がりますから、社会の成り立ちを根本的に変える産業革命になるはずです。だからこそ、自動車会社ばかりでなく巨大ＩＴ企業も膨大な投資をしているのです。

しかし、実現は簡単ではありません。この成否が、現代の人工知能技術の総決算になるでしょう。

自動運転は大それた夢でもありますが、自動車の技術発展の方向性からすれば避けて通れない道です。内燃機関と違い電気モータを使う自動車では、四輪を独立して制御することができます。内燃機関の頃は、せいぜい四輪への力の分配しかできなかったのですが、電気自動車では自由自在です。逆に自由すぎて、四輪の駆動力制御をどうするのかを自動車のコンピュータが考えねばなりません。これは車の舵取りに直結しますから、コンピュータが車の操舵を部分的に受けもっていると言えます。すでに自動運転の世界になかば踏み出している状況なのです。

自動運転は工場内部専用の搬送車など、統制された環境ではかなり前から実用化されています。

しかし、一般の道路で自動運転を実現するには高いハードルがあります。その課題は、周辺の物体の識別と距離測定や道路標識の認識、運転行動の計画、道路交通法など法規との整合性確保などなど、大量にあります。どれもが難問です。

法律に書かれている概念と、個別の道路状況で出現する物体や現象との対応を考えるには、「停車とは具体的にはどんな状況か」といったオントロジーも作らねばなりません。社会に人工知能技術を実装させるための、地道で膨大な作業が待ち受けています。

また、自動車活用の効率化などの面での革新も、自動運転に劣らず、大きな変化をもたらすでしょう。

要点BOX

●車のIT化は必然だが、実用化には高い壁がある
●道路状況を理解するためのオントロジー
●活用効率化の面で革新が期待される

自動運転のレベル格付け

レベル0：	従来の自動車。自動運転ではない（例:車線逸脱警告装置などはこのレベルに分類）。
レベル1：	アクセル、ブレーキ、操舵のうち、1つが自動化（例:ブレーキアシスト、車線維持）。
レベル2：	アクセル、ブレーキ、操舵のうち、2つが自動化。運転手は常時運転に関与し続ける。
レベル3：	アクセル、ブレーキ、操舵の全てが自動化されているが、緊急時には運転手が介入する（人間は運転席に座るが、前を見張っているだけなので、「罰ゲーム」のように退屈となる）。
レベル4：	完全に自動化され、人間はまったく運転に関与しない（運転席のない乗り物となる）。

※アメリカ運輸省国家道路交通安全局の定義

人工知能技術と自動車の接点と応用

運転支援、自動運転	平常走行時	車線逸脱防止、カーブ逸脱防止、車間距離の維持、速度維持、車庫入れガイド
	異常対応	障害物回避、急ブレーキ制御、居眠り・酩酊検出、事故通報
自己向け用途	メンテナンス支援	盗難車追跡、故障診断、運転手の熟練度・エコ度評価、リコール必要性の早期発見
	運転環境支援	目的地提案、音楽選曲
社会的な用途	センサとしての自動車	車載カメラで各車周辺情報を収集（渋滞検出、悪路検知、災害時の通行可能ルートの発見）、イベント混雑検知
	自動車のシェア	キーレス化、社用車やレンタカーの利用効率化、便乗支援

60 家電と人工知能

家庭内や職場で人工知能はどう使われるか？

ＩｏＴ（Internet of Things、もののインターネット）がクローズアップされています。いわゆるパソコンやスマホだけでなく、家電製品や自動車、工場機器など、様々な機器をインターネットでつなぐというものです。

なぜわざわざつなぐのでしょうか？　ネット越しに遠隔で情報の取得や機器の操作ができれば、例えば、「自分が帰宅する前にエアコンを付けておく」とか、「盗まれた自動車は今どこにあるのか調べる」といった便利な使い方ができます。

しかし、それだけでは単なる遠隔の計測と動作であって、何かを測定したり、何か機械を作動させるといった、単純で個別的なことにとどまります。

この状況に人工知能が加わると、できることが大きく変化すると期待されます。色々な装置からの情報を横断的に採取し、その意味を分析するには人工知能が必要になります。例えば、「冷蔵庫のドアが開いていて、台所の照明は消えていて、お風呂でシャワーが使われている」のなら、冷蔵庫のドアの閉め忘れというトラブルが考えられますが、こういった意味を判定する任務は人工知能が得意です。

最近のビジネスでは、人工知能化したＩｏＴには「信用の創造」のために使われている特徴が見て取れます。自分の家を旅行者に貸すいわゆる「民泊」や、マイカーでタクシーをするサービスが出現し、その安さから人気を集めています。普通、自分の家や車に他人を上がり込ませることには相当な抵抗感がありますし、逆に自分が他人のものを使う場合も不安があります。他人は簡単には信用できないのです。しかし、ＩｏＴで家や車がどのように使われてきているかがわかるようになれば、ずいぶん信用しやすくなります。使用状況のデータはそのままでは膨大ですが、人工知能がその意味内容を抽出すれば、人間にも理解しやすく、判断の助けになります。

要点BOX

- ●スマホ、IoTによってデータは簡単に集まる
- ●社会の無駄を突くサービスを考えた者が勝つ
- ●ペットのような感情の理解能力が大事

人工知能とIoTが開く社会像

(1)異種データの横断・統合的分析

冷蔵庫と自動車といったように、まったく別の機器のデータであっても、両者の間に潜む意外な法則性を機械学習によって見抜けるかもしれない。

(2)機器横断的・統合的なサービスの提供

今まで備えていなかった製品にも人工知能技術が適用される。例えば、「夏の冷房はどうも体が冷える」というユーザに対して、エアコンと扇風機と併用させるといった、人工知能ならではの高度な計画性でサービスを提供する。

農業や製造業などの品質管理も飛躍的に高精度化される。

(3)長い時間スパンの、意味のレベルのサービス

身の周りの機器の使用状況を長時間観察すると、ユーザの行動の意味、果てはライフスタイルまでが見えてくる。ユーザの目的を推定し、ユーザの次の行動を先読みし、ユーザが命令する前に、気を利かせてサービスを提供するシステムが実現されるであろう。

(4)人間関係の増進

要介護者を見守ったり、民泊宿泊者が部屋を正しく使っているか見張ることが可能になる。これは、その場に居合わせなくても、人間間の助け合いや信頼を作り出す効果がある。

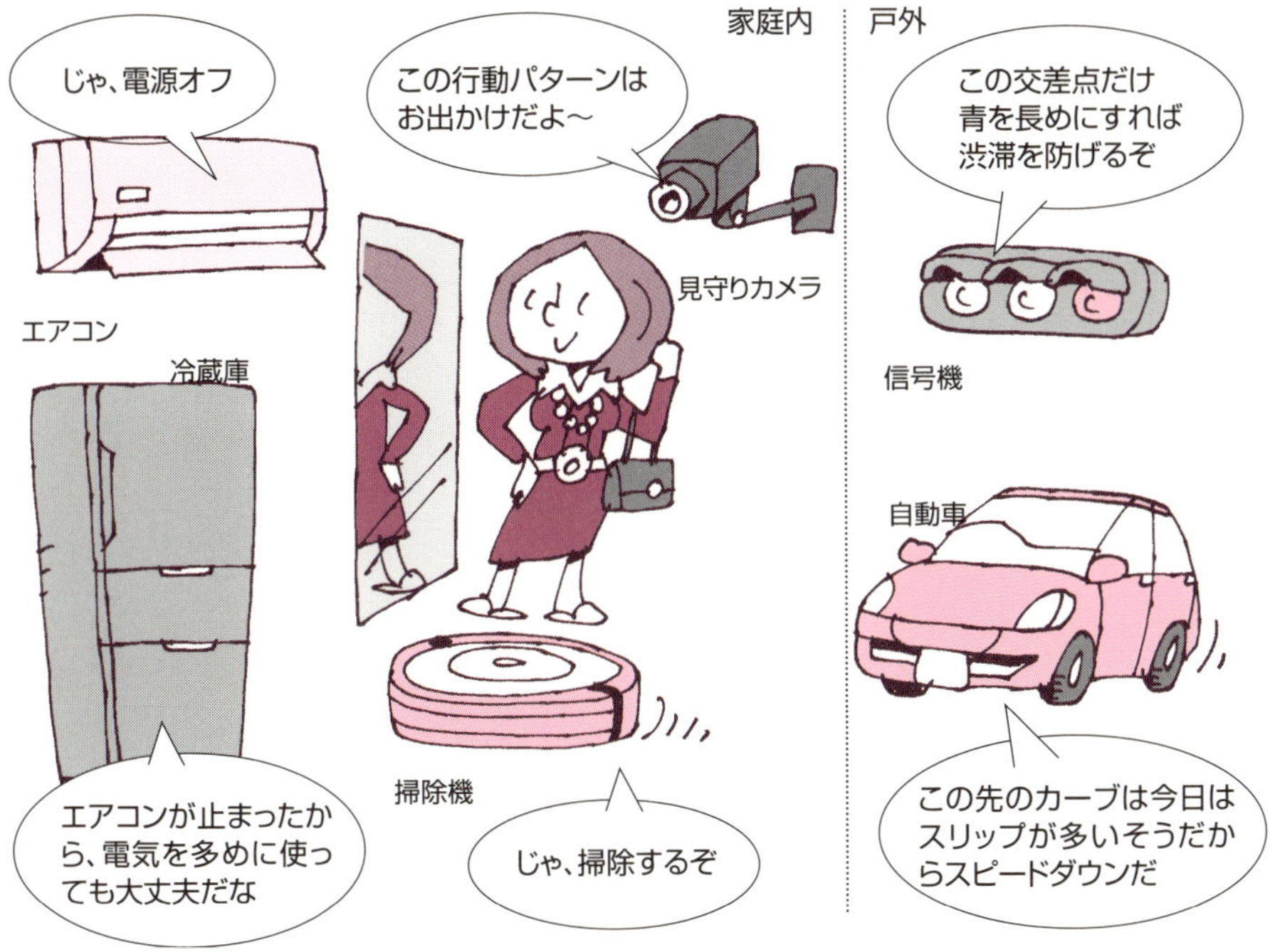

61 人工知能が医療を変える

隠れた情報をフルに活用する「精密医療」

医学生物学の分野は、人工知能技術を重用してきました。というのも、医学的なデータはあまりに多様かつ大量であり、「データ爆発」が深刻です。もはや通常の分析方法論では太刀打ちできないため、人工知能技術による突破が強く求められています。

ミクロな視点から考えると、ある遺伝子やタンパク質がどのような作用を行うかという、個別の反応についての知見があります。これは実験によって発見され、学術論文として報告されるのです。その論文の量は、PubMedという最大手のデータベースに登録されているものだけで２０１６年現在で２６００万件を数えます。到底読み切れません。

しかも、論文の多くは簡素な反応を報告しているだけです。薬などの医療の役に立つ反応はずっと多段階で複雑な反応のはずです。1編の論文はパズルの1片にすぎず、いくつかの論文を組み合わせて、有益な反応の路を見つけねばなりません。これをパスウェイ・ファインディングといいます。

人工知能は、読書スピードと記憶量は人間に負けませんから、たくさんの論文を読ませてパスウェイ・ファインディングをさせるという研究が盛んです。

マクロな視点から見ても、これまたデータが多くあります。まず、カルテや、学校や企業の定期検診の結果といった医療現場から生まれるデータがあります。個人ゲノムのデータベースやコホート（病気の発生原因を探るための調査観察対象となる同質な人間の集団）といった大人数のデータもあります。

健康は個人差や状況差の影響が大きく、多様なため、「現象を少数の数式で表す」という近代科学の正攻法が使えません。その代わりにデータベースを作って、現象を把握するしかありません。

人工知能が、これらビックデータを活用して、特定個人の特定疾患にだけピンポイントに効果を発する「精密医療」を実現することが期待されています。

要点BOX

- ●医療データをマイニングする
- ●膨大な生命科学論文を読ませ、発見させる
- ●ライフサイエンスは人工知能技術の最大の顧客

個人では追いつけないデータの増加スピード

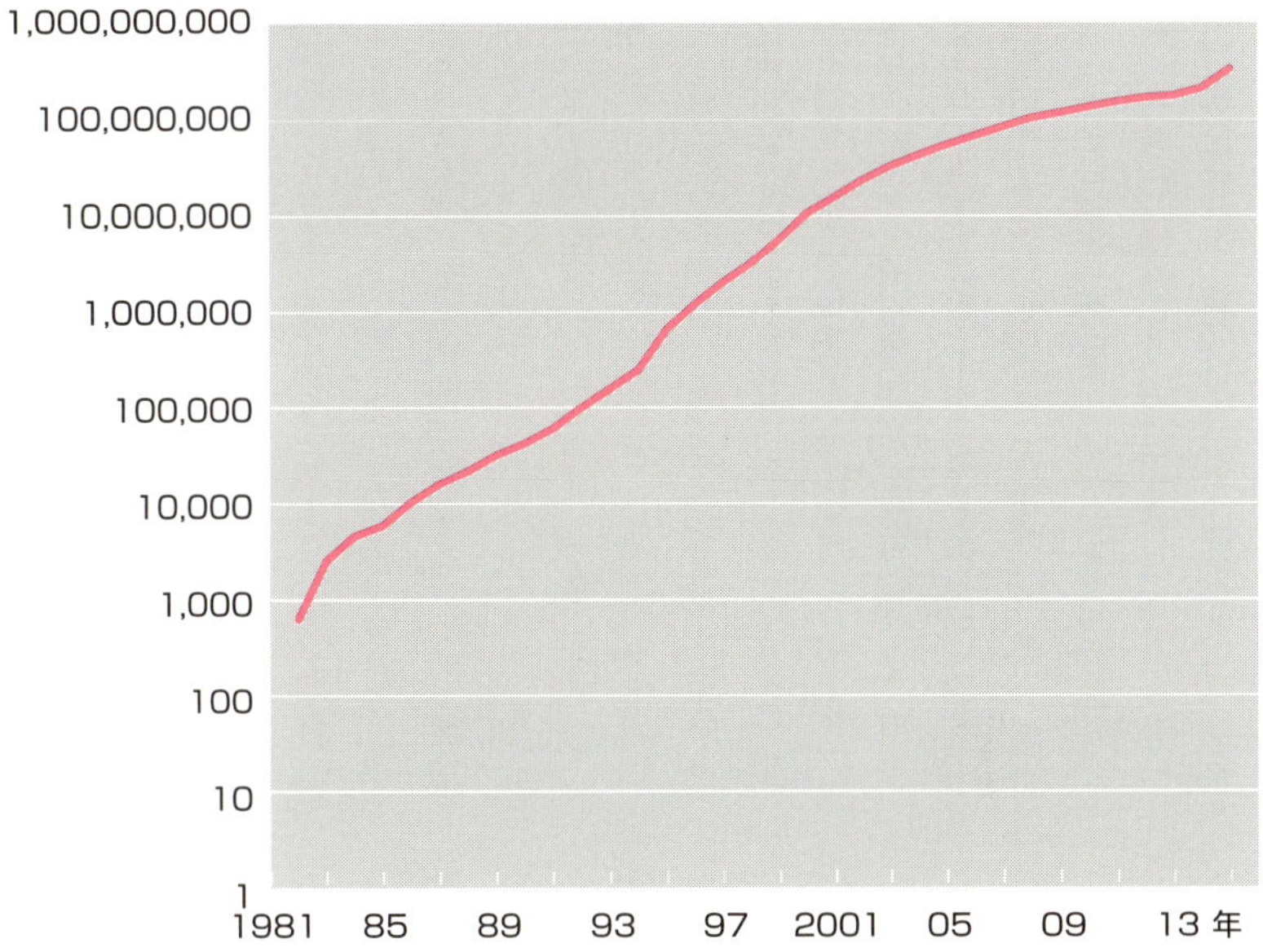

アメリカ生物工学情報センターのデータベースに収録された塩基配列の数の増加状況。指数爆発的な増加が止まらない。

ライフサイエンスのデータ数は多い? 少ない?

●爆発的増加

研究論文や診療情報などから、データは猛烈に増加。読み切れないという問題。

●枯渇

例えば、創薬ターゲットの枯渇。創薬ターゲットとは、医薬品が作用するタンパク質などの生体内分子のこと。つまり薬が取り付く標的となる物質。しかし、簡単なターゲットはすでに研究と製品化が済んでいる。新薬の開発には、新しいターゲットの発掘が必要。それはビッグデータの中に埋もれている。

62 人工知能が金融を変える

利益追求からリスク管理へ

株式などの金融商品の取引では、すでにアルゴリズムが使われています。単純なところでは、本質的には同じ商品なのに、市場によって値段が異なっているという状況を見つけ、安い所で買って高い所で売るというものがあります。

より高度なアルゴリズム取引では、一般ニュースや、天気予報、ネット上の書込みなど、あらゆる情報に手を広げて株価の予想をします。例えば、緊急地震速報が東京に発令された直後に、どの株がどう動くかを他人より一足先に予測して売買するのです。

他人より一瞬でも早く動かないと意味がないですから、さすがの人工知能も深く考える余裕はなく、条件反射的で浅慮な行動になってしまいます。

アルゴリズムの浅慮な行動によって、ある株価が急落すると、それに反応して他のアルゴリズムも売りを出し、市場全体が一瞬のうちに大暴落する「フラッシュ・クラッシュ」現象も問題となっています。

今、人工知能は、より長期の投資のためのオリジナルな情報を発掘する方向にも使われ始めています。

ネットには、商品の評判についての書込みが大量にあります。株価を占うにはもってこいの情報ですが、中にはウソの情報もありますから、真贋を見極める必要があります。信用できるのか発言者の信用度や知名度を格付けするといった地道な作業が必要となります。また評判の内容も「悪くはないが他の人には若干不満かもしれない」といった曖昧で複雑な言い回しを含んでいますから、善し悪しの判定には機械学習を使うなどの高度化が必要となります。

人工知能は、取引の不正やミスを防ぐという役目で経済のインフラになっています。盗まれたクレジットカードが使われると、普段とは異なる使われ方であると検知して、警告を発します。また、金融機関の内部の人間が、不正やミスによって、異常な取引をしていないか監視するという使い方もあります。

要点BOX

- ●金融のアルゴリズム取引の先は?
- ●評判データが経済を動かす
- ●取引の不正やミスと戦う人工知能

株価を決める要因

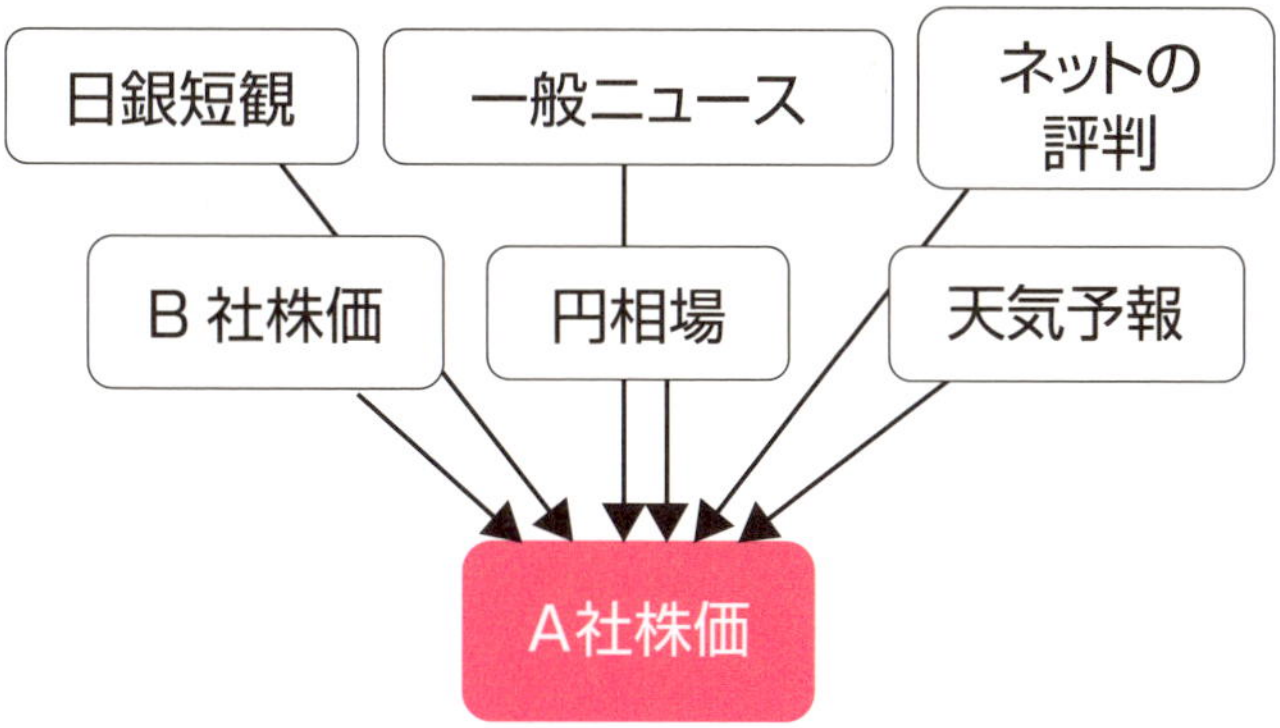

株価は多種多様の要因によって形成される。知られざる因果関係を人工知能によって発見することが期待される。

人工知能にも深い“洞察力”が求められる

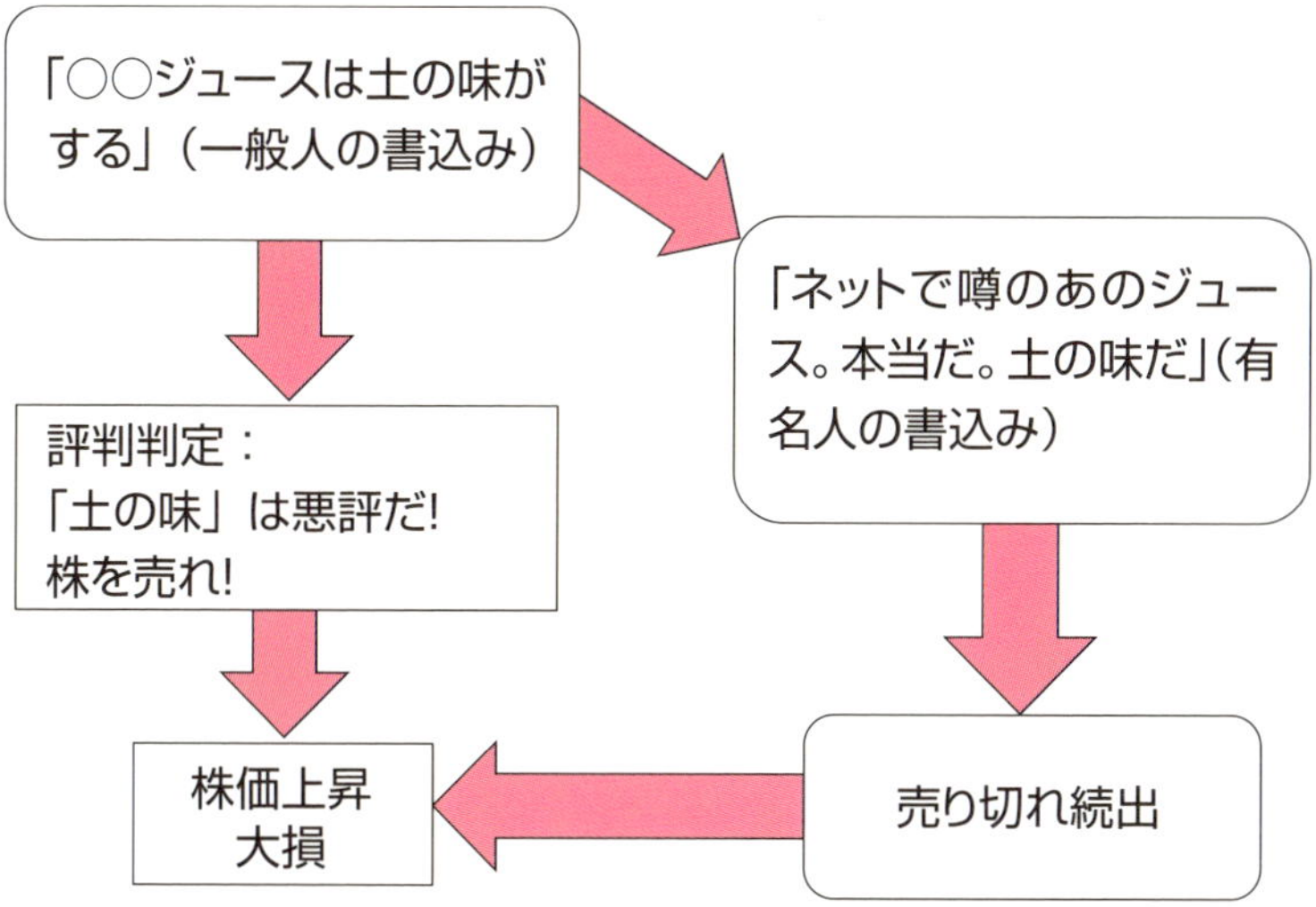

ネット上の評判情報は、ヒット商品の出現や炎上の発端となるので見逃せない。しかし、「悪い意味の単語が多く出現すると株価は下がる」という単純な関係ではない。人間の心理を深く分析しなければならず、まだ人工知能の苦手とするところである。

63 人工知能が教育を変える

教育支援から入試突破プログラムまで

人工知能が教育のあり方を大きく変えつつあります。今までの教育は、先生一人に生徒が多数で、同じカリキュラムを行い、テストの点数で成績を評価するというスタイルでした。

人工知能が生徒を個別に学習指導できるようになれば、生徒ごとに適した授業をすることが可能になります。いや、人工知能が直接教えなくても、生徒ごとに見た方がよい「教育動画」を推薦するだけでもよいのです。何かを教えてくれる「教育動画」は世界中の学校やボランティアによってネット上に沢山アップロードされています。

「成績」という概念も消えるかもしれません。人工知能が生徒のテストの結果を調べ、どこまで理解し、何が理解できていないのか自動で評価し、教育カリキュラムをオーダーメイドするようになるからです。テストの合計点（すなわち「成績」）は使い道のない数字となるでしょう。

今の学校教育で難しいのは、質的な評価です。例えば、作文は、文字数が多いか少ないかという量的な評価は簡単ですが、内容の質の善し悪しを評価することは時間がかかります。忙しい先生は手が回らず、結果として学校では創作的な活動を成績評価の対象に取り入れることが難しくなっています。「それが日本人の創造性のなさにつながっている。大学入試では長文の論述問題を出すべきだ」という意見もよく聞かれます。実現すれば、日本の教育は、知識の暗記型教育から考えさせる教育へ大転換することになります。

人間の採点者の代わりに、人工知能が長い文章の回答を読んで、内容の質を評価することはまだ難しいと言えます。しかし、逆に入学試験を解く人工知能の研究は進んでいます。すでにクイズ番組で人工知能が人間に勝ちました。やがて採点者としても人工知能が役に立つ時も来るかもしれません。

要点BOX

- ●生徒個別の理解度を把握して支援
- ●入試問題を解く人工知能が開発中
- ●長文回答の採点ができれば入試に革命

今までの教育と人工知能が活用されたこれからの教育

大ざっぱな状況把握 例:「あなたの偏差値は60です」	詳細な状況把握 例：「あなたは分数の割り算が理解できていませんね」
単調な反復練習 例：「もう一冊ドリルをやれば成績が上がるはずです」	詳細で多様な教育 例：「分数の割り算の説明で評判のいい動画があるから、それを見てから、この問題を解いてみよう」
暗記型・知識型の情報伝授 例：「徳川家康が幕府を開いたのは何年か？ネットで調べてみよう」	考える力の育成 例：「幕府について、自分で何か疑問点を見つけましょう。それについて、理由や意見を人工知能で検索しながら、自分なりの答えをまとめましょう」
紙と鉛筆	デジタル教科書 ゲーム風の学習、シミュレーション実験が可能に。
学校の中での集団教育	ネットを使った独学 例:教育動画の推薦。個人別カリキュラム設計の支援。
暗記型問題で、高速に採点できる大学入試	論述論文で考える力を問う入試 人工知能が採点を支援する。

64 アメリカの人工知能開発戦略

新たな産業革命をアメリカ政府はどう考えているか

アメリカの国家科学技術会議が２０１６年１０月にまとめた「人工知能の研究開発国家戦略」には、深層学習の分野で中国に論文数で抜かれてしまったことを指摘しています。論文の量が質を保証するわけではないにしても、人工知能で世界に冠たるアメリカですら危機感をもっているのです。国家戦略では、研究開発のための基盤作りと、長期的な研究育成の重要性を指摘しています。人工知能が社会に受け入れられ、新たな産業の中心となるには、法制度からデータ整備、人材育成まで幅広い基盤が必要となりますし、花開くまで時間がかかる基礎研究への長期的な投資を絶やさないことも求められます。

また、人工知能が応用される分野も次のように変わると、国家戦略では見ています。

製造：効率化、製造業の国内回帰。
物流：サプライチェーンの堅牢化。
金融：金融恐慌の回避。
交通：安全向上、インフラの維持向上。
農業：効率化、ロボット化。
マーケティング：効率化、顧客満足向上。
通信：通信速度向上、検索高度化、機械翻訳。
科学・工学：論文群データの活用、実験効率化。
教育：個人適用型の学習システム。
医療：大規模ゲノムデータによるリスク分析。
司法：判例検索の高度化。
個人サービス：機械の使いやすさ向上、個人生活への支援。
セキュリティ：防犯カメラの知能化。
安全：多数多様なセンサによる産業事故予防。

ややもすると人工知能のブームに目を奪われ、技術ベンチャー企業をめぐる大手ＩＴ企業の買収合戦ばかりに関心が向いてしまいますが、それだけがアメリカではありません。アメリカは底力を溜めようとしています。そこは冷静に見習わないといけないのです。

要点BOX
- ●中国の存在感が増す中、長期的な戦略を提唱
- ●横断的基盤から基礎研究、人材育成まで
- ●人工知能の倫理や公平性にも光を当てる

アメリカの人工知能戦略の見取り図

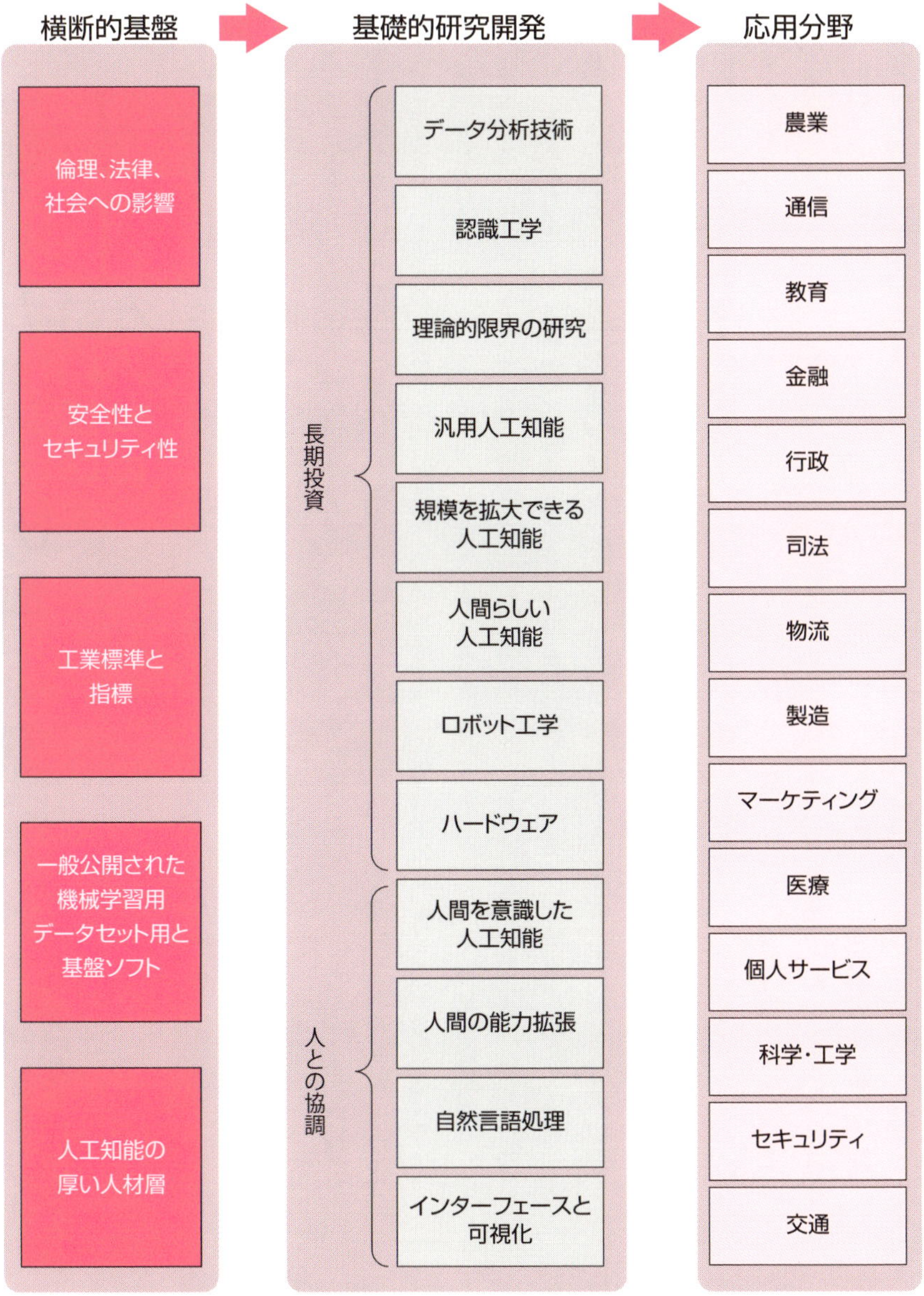

2016年10月発行のアメリカ国家科学技術会議の人工知能研究開発国家戦略における戦略見取り図。
左端の横断的基盤が整わなければ、人工知能の発展と社会への普及は難しい。人工知能の公平性や安全性についての説明責任も求められる。
また、中央には基礎研究で長期的な視点で投資すべき課題が挙げられている。

65 これからの日本と人工知能

ベンチャー精神とエコシステムに活路が見い出せるか

人工知能の研究開発には、アイデアさえよければ小資本で十分というもの、ビッグデータや深層学習のように巨大ＩＴ企業でなければできないもの、そして巨大企業であっても手に負えないものがあります。

人工知能を活用した小資本型のベンチャー企業が世界では次々と生まれていますが、日本は後れを取っていることは間違いありません。

アメリカに比べ日本でのベンチャーキャピタルの投資規模は百分の1と言われます。大学生が自分でベンチャーを立ち上げてあえなく数年で倒産した場合、アメリカでは有能で勇敢な人材として引く手あまたですが、日本の企業では厚遇では雇ってくれないでしょう。大学の教授がベンチャー企業を経営するというのも、日本でも広まりつつありますが、まだまだ一般的ではありません。

もちろん、日本でも企業内ベンチャーの育成に力を入れて新産業の創造に注力していますが、既存の企業の枠内というしばりは大きいのです。

さて、巨大企業であっても手に負えない規模の研究開発について考えましょう。これは世界中から大勢の人々がそれぞれ力をオープンに出し合って作っていくしかありません。人工知能を支えるソフトウェアにもオープンに開発されているものが多数あります。

オープンなソフトウェアが一旦成功を収めると、それ以降はデファクトスタンダードとなり、使われ続け、改良され続けます。多くのユーザが集まってエコシステムを作り、もはや何者もこれを崩すことができなくなります。ここに加わるというのが、巨大ＩＴ企業をもたない日本の生きる道の1つと言えます。

非公開の自社の独自技術を備えたよい製品を作って売るという従来的な「ものづくり」戦略ではなく、オープンな技術を土台としつつもサービスの作り込みで差をつけ、他社に真似できない顧客体験を実現する「ことづくり」戦略が主流となることでしょう。

要点BOX

- 「新産業革命」を逃すと、日本の産業は危ない
- 人工知能ベンチャーへの投資が低調
- 独占のないオープン化戦略に活路

日本の主要産業とこれから核心となる部分

自動車	自動運転技術
家庭電化製品	IoTによる連動型サービス、メンテナンス
工場管理	IoTによる最適制御、完全管理
医療	ゲノムデータなどによるリスク予測と創薬
金融	高度で高速な金融リスク判断、電子マネー、セキュリティ
余暇、観光、ゲーム、アニメ	顧客体験の拡張、顧客需要の把握

日本の主要な産業で、近い将来に核心となる部分はどれも人工知能関係。この技術をもっていないと主導権が奪われる。

日本の弱み、強み、方向性

弱み	強み	方向性
グーグルやアマゾンのレベルの巨大IT企業が存在しない。	自動車、家電、通信会社など、業種ごとに理系の大企業がある。ロボット工学や生産工学なども強い。	現場密着のデータにアクセスできる利点で勝ち抜く。 実生活に埋め込まれる人工知能を指向する。
学生も大学の先生もベンチャーを立ち上げにくい。 調達できる資金も少ない。	社内ベンチャーなどで新規性を補っている。 かつてのライバルとの合併も多くなった。	人と会社の流動性を大幅に認める。 経営戦略自体も人工知能の対象に。
途上国からの追い上げが厳しい。 テレビはコモディティ化し低価格帯に。	日本製の冷蔵庫や洗濯機はブランド化し、単価は上昇し続けている。	人工知能によって、単なる所有欲ではなく、満足感を与える製品やサービスを生み出す。
日本語圏が小さい。 市場が小さい。 情報が遅れる。 人材確保で不利。	1億人規模で均質性が比較的高い市場である。 日本語が外国勢力の参入障壁になる。	高齢化問題などの日本が世界に先行している社会的な課題に特化したビジネスモデルを作る。 やがてそれが世界市場でも大きな課題となる。そこで先行した日本での経験を活かす。

66 人工知能が仕事を奪う？既存影響と新規事業

人工知能ビジネスの動向

日本政府は２０１６年６月19日の産業競争力会議で、「国内総生産６００兆円」の実現に向けた重点分野の中で、人工知能やビッグデータなど先端技術の市場規模を、30年に30兆円に設定しました。民間研究所の予測では30年に86・９兆円になるとしています（図１）。オックスフォード大学は今後10～20年間に人工知能をはじめＩＴ技術によって約半分の仕事が奪われるという研究報告をしています。

電話オペレーターなど個別の客に対応する仕事や簿記・会計監査など一見大変そうな仕事、大量のデータを処理する単純作業は人工知能が得意です。類似判例を探すなどの弁護士の仕事も代替されていくでしょう。

逆に小学校の教師など人をモチベートする仕事やファッションデザイナーのようなまったく新しいものを生み出す仕事は代わりにくいと言われています（図２）。小説や歌で既存の作家のマネをした作品を人工知能が作るというプロジェクトも進んでいます。

人工知能は新しいビジネスも生み出すでしょう。例えば、人工知能はＧＰＵなど高速化やディープラーニングなどで、格段に認知・識別機能が上がっており、人間では判別できなかった初期のガンといった高度な識別事業が立ち上がってくるでしょう。

また、人工知能の適用範囲は認知・識別から、予測をしてそれにしたがって実行まで担うというところまで広がっていきます。自動運転車は、移動中の車内でのサービスなど新しい事業機会を作ります。

予測に基づいた実行検証をロボットに担わせることで、研究開発の高速回転ができるため、創薬やバイオといった新事業を創り出していくでしょう。

人工知能は仕事を奪うと書きましたが、これは付加価値が自動的に産まれるようになるということでもあります。人の手を空けてくれるわけです。人工知能をどう使いこなすかの力が大事になるでしょう。

要点BOX

- 仕事の多くが人工知能関連で置き換わる
- 大量にデータ処理する単純作業は代替される
- 自動化の先の事業を創ることが大事

図1 人工知能関連産業の市場規模予測

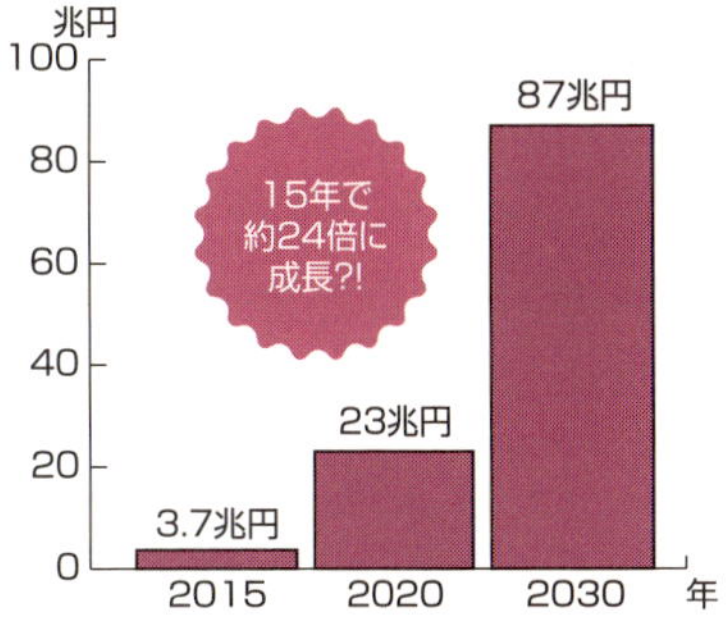

「人工知能が経営にもたらす『創造』と『破壊』」(EY総合研究所、2015年)を基に作成

	2015年	2020年	2030年
農林水産分野	28	316	3,842
製造分野	1,129	29,658	121,752
建設·土木分野	791	12,157	59,229
電力·ガス·通信分野	300	5,217	18,810
情報サービス分野	1,825	8,245	23,731
卸売·小売分野	14,537	46,844	151,733
金融·保険分野	5,964	22,611	47,318
不動産分野	49	2,426	4,853
運輸分野	1	46,075	304,897
物流分野	465	1,443	5,035
専門·技術サービス分野	90	2,440	6,149
広告分野	6,331	19,305	36,047
エンターテインメント分野	2,260	5,990	15,104
教育·学習支援分野	2,030	5,039	9,285
医療·福祉分野	343	5,761	21,821
生活関連分野	1,308	17,111	40,015

単位:億円

図2 将来、人工知能に奪われそうな職業とそうでない職業

奪われる確率 99%の職業

・データ入力オペレーター
・図書館司書
・空港での貨物運搬業務
・保険代理業
・数理技術者
・テレマーケター　など

奪われる確率が 0.5%以下の職業

・技術営業職
・振付師
・作業療法士
・聴覚学者
・技術系の現場監督者
・心理学者、セラピスト　など

論文には、702 の職業とその確率が記載されている。

「THE FUTURE OF EMPLOYMENT: HOW SUSCEPTIBLE ARE JOBS TO COMPUTERISATION?」
(Carl Benedikt Frey、Michael A. Osborne、オックスフォード大学、2013年)から抜粋

図3 人工知能活用の中長期予測

インパクト			
大	医療画像診断	医療技術の高度化 運輸(ロジスティクス最適化)	自動運転 製造(スマートファクトリー) 運輸(自動配送) 自動翻訳(高度) エネルギー(スマートグリッド)
中	バイオ、創薬 コールセンター	ヘルスケア 金融融資や審査の自動化 エネルギー(HEMS)	弁護士税理士業務代替 家事サービス
小	金融不正検知 Web 広告レコメンド 警備、防犯	接客 自動翻訳(基礎) 家庭用ロボット	介護 教育

2015 年　2020 年　2025 年　2030 年

「人工知能(AI)活用の中長期予測」(矢野経済研究所、2015年)

Column 7

産業技術総合研究所 人工知能研究センターについて

人工知能の研究では、実世界問題への先端技術の適用が新たな先端技術を生み出すという、応用研究と基礎研究の密接な関連が不可欠になっています。また、応用分野の急速な拡大により、人工知能の研究は、ますますその学際性を強めており、多様な分野の専門家の共同研究が強く求められています。

本研究センターは、2つのことを目指しています。

1つ目は、人工知能とその近接分野の国内外のトップ研究者、新進気鋭の研究者が共同して大規模な研究を推進するための核になることです。

2つ目は、研究成果の実世界への応用を行うための産業界と学界との連携を促進する核となることです。

それらを通じて、日本における人工知能技術の研究開発と実用化の好循環を実現してゆきます。

研究面での狙いは、「実世界に埋め込まれる人工知能」、すなわち、実世界で人間と協調しながら困難な社会的課題を解決する人工知能を実現することです。以下の3つの領域を対象としています。

AI for Human Life / Services
（サービス業、医療・介護、交通インフラなどとの融合）

AI for Science / Engineering
（基礎科学との融合、生命科学や臨床医学、材料科学などの分野での仮説生成・実験検証支援）

AI for Manufacturing
（ものづくりや産業用ロボットとの融合）

研究開発体制としては、以下の3つを一体となって進めています。

（1）人間の脳から工学的に学ぶ次世代脳型人工知能、データ駆動型人工知能と知識駆動型人工知能を融合するデータ・知識融合型人工知能や機械学習・確率モデリング技術の高度化の大規模目的基礎研究、（2）観測・データ収集、認識・モデル化・予測などの要素技術を次世代人工知能フレームワーク上での先進中核モジュールとするための研究開発、（3）人間行動モデリングなどの標準タスクの設定とベンチマークデータの構築を通じた人工知能技術に共通基盤となるリソースの研究開発。

また、人工知能技術の社会実装に向けて、企業との共同研究などにより人工知能技術の橋渡しに取り組んでいます。

【参考文献】

●人工知能の概略と動静を知る

- 松尾 豊、「人工知能は人間を超えるか ディープラーニングの先にあるもの」、角川EPUB選書、2015年
- 甘利 俊一、「脳・心・人工知能 数理で脳を解き明かす」、講談社ブルーバックス、2016年
- ホフスタッター 、「ゲーデル、エッシャー、バッハ あるいは不思議の環 20周年記念版」、白揚社、2005年
- 人工知能学会編、「人工知能学事典」、共立出版、2005年
- 日本ロボット学会編、「新版 ロボット工学ハンドブック」、コロナ社、2005年

●すぐに、簡単に体験する

- 岡部 洋一、「コンピュータのしくみ」、放送大学教材、2014年
- 秋光 淳生、「データの分析と知識発見」、放送大学教材、2016年
- 樋口 耕一、「社会調査のための計量テキスト分析 — 内容分析の継承と発展を目指して」、ナカニシヤ出版、2014年
- 島内他、「アルゴリズム辞典」、共立出版、1994年
- ウィリアム・パウンドストーン、「ライフゲイムの宇宙 新装版」、日本評論社、2003年

●技術を深く学ぶ

- 谷口 忠大、「イラストで学ぶ 人工知能概論」、KS情報科学専門書、2014年
- ERATO 湊離散構造処理系プロジェクト、「超高速グラフ列挙アルゴリズム〈フカシギの数え方〉が拓く，組合せ問題への新アプローチ－」、森北出版、2015年
- 人工知能学会監修、「深層学習 Deep Learning」、近代科学社、2015年
- 斎藤 康毅、「ゼロから作るDeep Learning — Pythonで学ぶディープラーニングの理論と実装」、オライリー・ジャパン、2016年
- 新納 浩幸、「Chainerによる実践深層学習」、オーム社、2016年
- 中井 悦司、「TensorFlowで学ぶディープラーニング入門 畳み込みニューラルネットワーク徹底解説」、マイナビ出版、2016年
- Judea・Pearl、「統計的因果推論 —モデル・推論・推測—」、共立出版、2009年
- ドバーグ他、「コンピュータ・ジオメトリ 計算幾何学：アルゴリズムと応用 第3版」、近代科学社、2010年
- Barski他、「Land of Lisp」、オライリー・ジャパン、2013年
- グレアム他、「コンピュータの数学」、共立出版、1993年

索引

英数字

ア

カ

サ

西村拓一（にしむら・たくいち）
産業技術総合研究所人工知能研究センターサービスインテリジェンス研究チームチーム長。
1992年 東京大学工学系大学院修士(計測工学) 課程修了。博士(工学、大阪大学、2000年)。同年、日本鋼管株式会社基盤技術研究所入社。1995年、新情報処理開発機構(RWCP) に出向。1998年 日本鋼管復帰。1999年、RWCPつくば研究センター研究員。2001年、産業技術総合研究所サイバーアシスト研究センター研究員、2002年、同研究所インタフェース研究チームチーム長。2005年、同研究所情報技術研究部門実世界指向インタラクショングループ長。2009年、NEC知的資産R＆D研究企画部出向。2011年帰任。2011年、同研究所サービス工学研究センターサービスプロセスモデリング研究チーム長。2015年、同研究所人間情報研究部門サービス設計工学研究グループ長を経て現在に至る。サービス現場として、介護・看護、健康増進、教育サービスにおけるコミュニティ支援、身体動作計測分析、インタラクション技術、時系列データ検索・認識の研究に従事。
人工知能学会、情報処理学会、サービス学会、電子情報通信学会、ヒューマンインタフェース学会会員。日本ダンススポーツ連盟普及本部ダンススポーツ医科学研究部所属。
主な受賞歴
山下記念研究賞(2015年度)、情報処理学会第98回GN研究会優秀発表賞(2016年)、インタラクション2016インタラクティブ発表賞(2016年)
執筆：第４章（42）

橋本 学（はしもと・まなぶ）
中京大学工学部教授。
1962年生まれ。1987年、大阪大学大学院工学研究科前期課程修了。同年、三菱電機株式会社入社。生産技術研究所、先端技術総合研究所などに勤務。2008年、中京大学情報理工学部教授、2013年、改組により工学部教授。この間、画像認識、３次元ロボット視覚などの研究に従事。
主な受賞歴
日本ロボット学会実用化技術賞(1998年)、精密工学会画像応用技術専門委員会優秀論文賞小田原賞(2015年)
執筆：第４章（40）

松原崇充（まつばら・たかみつ）
奈良先端科学技術大学院大学准教授。
1980年生まれ。2007年、奈良先端科学技術大学院大学情報科学研究科博士後期課程修了。2008年、同大学同研究科助教を経て、2016年より現職。2008年よりATR脳情報研究所、2016年より産業技術総合研究所客員研究員を兼任。この間、和蘭・ラドバウド大学ナイメーヘン校に1年間滞在。機械学習を用いたロボットやインタフェースの知能化研究に従事。
主な受賞歴
日本神経回路学会論文賞(2012年度)、IEEE RO-MAN RSJ/KROS Distinguished Interdisciplinary Research Award（2015年)、IEEE-RAS Humanoids Best Oral Paper Award（2016年）
執筆：第４章（44）

渡辺健太郎（わたなべ・けんたろう）
産業技術総合研究所人工知能研究センターサービスインテリジェンス研究チーム主任研究員。

1980年生まれ。2005年、東京大学大学院工学系研究科精密機械工学専攻修士課程修了。博士(工学)。民間企業勤務を経て，2012年、首都大学東京大学院システムデザイン研究科博士後期課程修了の後、産業技術総合研究所に入所し現在に至る。設計工学・デザイン研究、サービス工学、サービス設計方法論、支援技術の研究に従事。

執筆：第４章（41）

執筆者一覧

一杉裕志（いちすぎ・ゆうじ）

産業技術総合研究所人工知能研究センター脳型人工知能研究チーム主任研究員。

1965年生まれ。1990年、東京工業大学大学院情報科学専攻修士課程修了。1993年、東京大学大学院情報科学専攻博士課程修了。博士(理学)。同年、電子技術総合研究所(2001年より産業技術総合研究所)入所、プログラミング言語、ソフトウエア工学の研究に従事。2005年より計算論的神経科学の研究に従事し現在に至る。

執筆：第3章（25 26 27）

尾原和啓（おばら・かずひろ）

Fringe81執行役員。

1970年生まれ。京都大学大学院工学研究科修了。マッキンゼー・アンド・カンパニー、リクルート、Google、楽天などで事業企画や投資、新規事業などに従事し現在に至る。

著書に「ザ・プラットフォーム」(NHK出版新書)、「ITビジネスの原理」(NHK出版)。

執筆：第7章（66）

辻井潤一（つじい・じゅんいち）

奥付(160ページ)参照。

執筆：コラム①④⑥

鶴岡慶雅（つるおか・よしまさ）

東京大学大学院工学系研究科准教授。

1974年生まれ。2002年、東京大学大学院博士課程修了。博士(工学)。同年、科学技術振興事業団研究員。2006年、英国マンチェスター大学研究員。2009年、北陸先端科学技術大学院大学准教授。2011年より現職。自然言語処理、ゲームAIなどに関する研究に従事。

執筆：第5章（48 49）

中田 亨（なかた・とおる）

産業技術総合研究所人工知能研究センター知識情報研究チームチーム長。中央大学大学院理工学研究科客員教授。

1972年生まれ。2001年、東京大学大学院工学系研究科先端学際工学専攻修了。博士(工学)。同年、産業技術総合研究所知能システム研究部門研究員。2015年より現在に至る。ロボット工学、自然言語処理、人間工学、安全工学の研究に従事。

国際電気標準会議（IEC）技術委員会65 ワーキンググループ17 エキスパート。

著書に「防げ！現場のヒューマンエラー」(朝日新聞出版社)他。

執筆：第1章、第2章、第3章（18 19 20 21 22 23 24 30 31 32）、第4章（33 34 35 36 37 38 39）、第5章（45 46 47 50）、第6章、第7章（58 59 60 61 62 63 64 65）、コラム②③⑤⑦

中田秀基（なかだ・ひでもと）

産業技術総合研究所人工知能研究センター脳型人工知能研究チーム長。筑波大学連携大学院教授。

1967年生まれ。1995年、東京大学大学院情報工学専攻博士課程修了。博士(工学)。同年、電子技術総合研究所(2001年より産業技術総合研究所)入所。グリッド、クラウドなど分散計算の研究に従事。2015年より現在に至る。

情報処理学会、人工知能学会、ACM各会員。

著書に「岩波講座インターネット 4 ネットワークアプリケーション」(共著、岩波書店)、「グリッド技術入門 インターネト上の新しい計算・データサービス」(共著、オーム社)、「すっきりわかる Google App Engine for Java クラウドプログラミング」(ソフトバンククリエイティブ)他。翻訳、監訳多数。

主な受賞歴

文部科学大臣表彰科学技術賞(2009年)

執筆：第3章（28 29）

西村悟史（にしむら・さとし）

産業技術総合研究所人工知能研究センターサービスインテリジェンス研究チーム。

1987年生まれ。2015年、大阪大学大学院工学研究科電気電子情報工学専攻博士後期課程修了。同年、産業技術総合研究所人間情報研究部門サービス設計工学研究グループ。同年12月より現在に至る。オントロジー工学、知識工学の研究に従事。

人工知能学会編集委員。

主な受賞歴

第25回人工知能学会全国大会優秀賞(インタラクティブ発表部門、2011年)、人工知能学会研究会優秀賞(2012年度)

執筆：第4章（43）

今日からモノ知りシリーズ

トコトンやさしい

人工知能の本

NDC 007

2016年12月26日　初版1刷発行
2020年 4月30日　初版6刷発行

©監修者　辻井潤一
　編　者　産業技術総合研究所
　　　　　人工知能研究センター

発行者　井水 治博
発行所　日刊工業新聞社
　　　　東京都中央区日本橋小網町14-1
　　　　（郵便番号 103-8548）
　　　　電話　書籍編集部　03（5644）7490
　　　　　　　販売・管理部　03（5644）7410
　　　　FAX　　　　　　03（5644）7400
　　　　振替口座　00190-2-186076
　　　　URL http://pub.nikkan.co.jp/
　　　　e-mail info@media.nikkan.co.jp

印刷・製本　新日本印刷

● DESIGN STAFF

AD ――――――― 志岐滋行
表紙イラスト――― 黒崎　玄
本文イラスト――― 小島サエキチ
ブック・デザイン― 大山陽子
　　　　　　　　　（志岐デザイン事務所）

●

落丁・乱丁本はお取り替えいたします。
2016 Printed in Japan
ISBN　978-4-526-07640-4　C3034

●定価はカバーに表示してあります。

●監修者略歴

辻井潤一（つじい・じゅんいち）

産業技術総合研究所人工知能研究センターセンター長。1949年生まれ。1973年、京都大学大学院工学研究科修士課程修了。同大学助手、助教授として質問応答システム、機械翻訳、言語理解の研究に従事。この間、フランスCNRC上級研究員。1988年、英国マンチェスター科学技術大学教授。1995年、東京大学理学部教授同大学院情報理工学系研究科教授。1995年から2001年、2005年から2011年、英国マンチェスター大学教授を兼任。2011年、マイクロソフト研究所アジア首席研究員。2015年より現在に至る。2016年よりマンチェスター大学教授を兼任。

計算言語学会(ACL)、国際機械翻訳協会(IAMT)、アジア言語処理学会連合(AFNLP)、言語処理学会などの会長を歴任。2015年より国際計算言語学委員会(ICCL)会長。

主な受賞歴

日本IBM科学賞(1988年)、香港SEYF招聘教授賞(2000年)、大和エイドリアン賞（2004年）、IBM Faculty Award（2005年）、人工知能学会業績賞（2008年）、紫綬褒章（2010年）、情報処理学会フェロー（2010年）、情報処理学会功績賞（2013年）、船井業績賞（2014年）、ACLフェロー（2014年）、大川賞（2015年）

●編者紹介

国立研究開発法人

産業技術総合研究所
人工知能研究センター

2015年5月1日設立。人間と共栄する情報技術に取り組む「情報・人間工学領域」の研究センター。人間との親和性が高く、人間と相互に理解し合える人工知能の実現をめざす目的基礎研究と、成果をスピーディーに実社会の多様な課題に適用するための人工知能フレームワークの研究開発を行う。